경주 최 부잣집

300년 富의 비밀

경주 최 부잣집
300년 富의 비밀

전진문
경영학 박사, 영남대학교 겸임교수

민음인

프롤로그
오늘에 다시 최 부자를 찾는 까닭

나는 대학 강단에서 30년 넘게 경영학을 강의하면서 학생들에게 "우리나라에도 존경할 만한 부자가 있습니까?"라는 질문을 받고 곤혹스러워한 적이 여러 번 있었다. 많은 재벌들을 떠올렸지만 대부분 결정적인 흠이 알려져 있기에 선뜻 대답하기 어려웠다. 오죽하면 성경에서도 "부자가 하늘나라에 들어가는 것이 낙타가 바늘귀로 들어가기보다 어렵다."고 했을까. 그때마다 나는 우리나라에서 존경할 만한 부자의 모델을 찾아야겠다는 생각을 했다.

그러던 중 10여 년 전 조그만 계간지의 주간으로 있을 때 한학을 하신 고 이수락 선생으로부터 경주 최 부자의 독특한 가훈에 대한 짤막한 원고를 받고 눈이 번쩍 띄었던 적이 있었다. 최 부자의 가훈이 300여 년 동안 이 집안을 만석꾼으로 지켜 오게 한 근원이었던 것이다. 그때부터 나는 이 가문과 관계 있는 사람을 만나고 자료도 모으기 시작했다.

그러나 소문만큼 실제 기록이 많이 남아 있지 않았다. 학자들이나 정치가들에 대한 기록은 비교적 많이 남아 있는 데 비해 부자들에 대한 기록은 거의 없었다. 이것은 당시에 부자를 천시했던 풍조 때문인 듯했다.

내가 최씨 집안의 내력에 대해 더 깊은 관심을 가지게 된 이유는 그들이 어떻게 부의 터전을 일구었고, 그처럼 오랜 기간 동안 유지할 수 있었으며 마지막으로는 그 부를 어떤 계기로 어떻게 처분하여 마감하게 되었을까 하는 것이다.

약간의 자료를 모아 몇 년 전에 그 집안만이 가진 독특한 유훈(遺訓)의 현대 경영학적 의미를 해석하는 것으로 「경주 최 부자의 가업 유지와 경영 이념에 관한 연구」라는 논문을 한 편 쓰게 되었다.

문헌 속에 흩어져 있는 자료와 여러 사람에게서 들은 단편적인 최 부자의 이야기로는 그 집안의 전모를 그려 보기 어려웠다.

그러다가 우연히 그 가문의 노인 한 분을 만났다.

"사람 사는 게 흥하고 망하고 다 그렇고 그렇지 지금에 와서 새삼스럽게 이러쿵저러쿵 따져 봐야 무슨 의미가 있겠소?"

금년에 일흔일곱의 나이가 된 최인환 선생은 이렇게 말하면서 딴청을 부렸다.

"그렇지가 않습니다. 우리 민족은 대체로 기록 정신이 부족해서 중요한 역사적 사실을 개괄해 버리고 마는 약점이 있지요. 최 부잣집의 이야기는 작게 보면 한 가문의 일이지만 크게 보면 한 시대의 기업사가 될 수 있지 않겠습니까?"

"우리 민족에게 기록 정신이 부족하다니요? 교수님은 『조선왕조실록』의 엄청난 기록을 모르시나요?"

"물론 왕조의 실록은 참으로 위대한 것이지요. 그렇지만 일반 가정이나 작은 집단의 기록은 참으로 부족합니다. 일본의 경우 우리가 보기에 지나치게 사소해 보이는 일도 촘촘히 기록하여 훗날 참고로 삼고 있습니다. 그러므로 선생님 집안의 내력을 기록하는 것은 결코 작은 일이 아닐 것입니다."

내가 이렇게 얘기하며 끈질기게 최씨 집안의 내력을 추궁하자 그 노인은 마지못해 말했다.

"경영학을 연구하는 교수가 갑자기 우리 집안의 내력에

이렇게 관심을 가지는 것을 보면 서양 이론의 한계를 본 모양이구려. 허허……."

대구의 한 호텔 커피숍에서 만난 최인환 씨는 처음에는 경계의 빛을 감추지 않고 조심스럽게 이야기하다가 내가 관심을 가지는 이유와 취지를 차근차근 이야기하자 다소 누그러져서 조금씩 이야기를 꺼내기 시작했다.

"교수가 우리 가문에 대해 그렇게 관심을 가져 주는 것은 고마운 일이지만……, 시중에 흔히 나오는 책들을 보면 선조의 면모를 올바르게 기술하기보다는 오늘의 눈으로 보고 흥미 위주로 서술하여 조상을 욕보이는 경우가 왕왕 있기에 걱정이 됩니다."

최인환 씨의 말도 무리는 아니었다. 이따금씩 나오는 실명을 다룬 역사 소설이나 드라마를 보면 당시의 역사나 상황을 객관적으로 보기보다는 오늘의 현실과 연결시켜 흥미 위주로 터무니없이 재편되는 것을 잘 알고 있다.

어쨌든 이러한 우려를 없애지 않는 한 그 노인으로부터 자료를 얻기가 어렵다고 생각한 나는 이미 발표한 논문의 별쇄본을 보여 주면서 내가 10대에 걸쳐 부를 이어 온 최 부자를 존경하고 있다는 사실을 강조했다.

"최 선생님, 저는 결코 최 부자 집안의 명예를 훼손하거나 폄하하려는 생각은 없을 뿐 아니라 과장하고 싶은 생각도 없습니다. 최 부자는 우리나라 역사에서 가장 오랫동안 부를 지켜 온 가문입니다. 세계적으로 볼 때도 자랑스럽고 독특합니다. 더러 최 부자보다 더 많은 재물을 가졌던 사람도 있었지만 거의 모두가 당대에 부를 일구고 당대에 망했거나 길어야 3대까지도 가기 어려웠습니다. 그래서 부불삼대라 하지 않습니까? 외국의 사례를 보면 중세 이탈리아에 엄청난 부자가 한 사람 있었습니다. 그는 메디치라는 사람으로 그 가문은 약 200년 동안 유럽을 지배했습니다. 그에 비해 최 선생님의 가문은 100년이나 더 오랫동안 부를 지켰습니다. 이것은 참으로 세계에 알릴 만한 자랑스러운 일입니다."

사실 이탈리아의 중세사는 메디치의 가족사나 다름없다. 인구 10만 명에 불과한 이탈리아의 피렌체라는 도시에서 금융업을 기반으로 부를 일군 메디치 가문은 당시 유럽의 절대 권력이던 교황까지 마음껏 주물렀다.

크리스토퍼 하버트가 쓴 「메디치가 이야기」에 의하면 다음과 같은 내용을 볼 수 있다.

로렌조 메디치는 1449년에 태어나 1492년에 죽은 사람이다. 그는 1478년에 반대파인 파치 집안을 쓰러뜨리고 피렌체의 지배자가 된다. 공화정임에도 불구하고 사실상

참주(자기 신분에 넘치게 임금처럼 자칭하는 것을 말한다.)가 되어 실권을 잡는다.

또한 마키아벨리는 「피렌체사」에서 위대한 로렌조를 찬미한다. "그는 운명으로부터, 그리고 신으로부터 최대의 사랑을 받은 사람이다."

메디치 가문은 로렌조의 할아버지 지오반니 메디치가 정치가로 등장하여 기초를 닦았다. 12세기 무렵부터 모직공업이 발달한 피렌체 공화국은 15세기 초 이탈리아 서안의 피사와 리보르노 지방을 장악해 무역 항로를 확보하면서 부의 기틀을 다진다. 메디치가는 은행업에 진출하면서 금융을 장악했고 사업 수완도 뛰어나 수단 방법을 가리지 않고 돈과 권력을 추구했다. 전쟁 때는 웃돈을 얹어 적군까지도 사 버렸다. 교황과 사이가 틀어져 파문을 당했을 때에도 파문 교서에 이자까지 붙여 상환했다. 이때부터 약 200년 동안 권력과 문화의 달콤한 동거가 시작된다.

메디치의 널찍한 식탁에는 저녁 때마다 화가, 조각가, 건축가, 인문학자, 성직자들까지 모여들었다. 그들은 보티첼리, 도나텔로, 미켈란젤로 등의 예술가와 폴리치아노, 란디노, 포지오 등의 지식인들이다. 결국 신학의 뒷전에 밀려 천 년이 넘게 천대받던 인문학과 예술이 빛을 발하여 르네상스 시대를 열게 된 것이다.

내가 이렇게 열변을 토하면서 최 부자의 가문에 대해 관심을 가진 이유를 설명하자 최인환 씨는 그때까지 등 뒤에 감추어 둔 갈색 봉투를 슬며시 내밀었다. 그 속에는 책 한 권이 있었다. 경주 최씨 교동 종친회가 발간한「교동의 얼」이라는 것이었다.

"이 책은 몇 년 전에 내가 편집하여 만든 책으로 우리 가문 후손만 나누어 가진 것인데……, 이 책 이전에「월성세헌」이라는 책이 있었고, 그 다음「경주 최씨 가암파 남강공가 세적」이라는 것이 있었습니다. 그것은 우리 최씨의 득성조인 소벌도리 공과 시조인 고운 최치원 선생으로부터 사성공파 파조인 최예, 그리고 다시 분파한 가암파 파조인 정무공 최진립 선생과 가암파 중 제3파 파조인 최동량 선생으로부터 그의 7대 손인 최세린 공까지 우리 조상들의 행장을 기록한 것인데, 그 아랫대 최준 공까지의 내용을 첨가하여 다시 편찬한 것입니다."

"참으로 어려운 일을 하셨습니다."

이렇게 하여 최 노인으로부터 받은 한 권의 책을 읽으면서 경주 최 부자 가문의 숨겨진 이야기를 알게 되었다.

그 책을 뼈대로 하여 흩어진 여러 자료 속에 남은 토막 기록들과 가암파 종손인 최채량 선생, 교촌파 주손인 최염 선생을 비롯한 여러 후손들의 구전되는 단편적인 이야기를 바탕으로 그려 보는 경주 최씨 가암파 파조 최진립으로부터 마지막 최 부자 최준에 이르는 12대 사이의 행적은 별로 가감할 필요도 없이 그 자체가 하나의 드라마였다.

경주 최 부자는 최치원의 17세 손인 최진립과 그 아들 최동량이 터전을 이루고 손자(19세 손)인 재경 최국선(1631~1682)으로부터 28세 손인 문파 최준(1884~1970)에 이르는 10대 약 300년 동안 부를 누린 일가를 일컫는 말이다.

이러한 최 부자는 단순한 부호가 아니라 9대에 걸쳐 진사를 지낸 지식 있는 양반 부자로 정당하게 부를 축적하고, 또 그 부를 적절히 사회에 환원함으로써 민중들의 존경을 받은 부자였다. 오늘날의 시각으로 본다면 경영 이념 또는 경영 철학을 확고히 가진 훌륭한 경영자로 사회적 책임을 다한 존경할 만한 부자라고 볼 수 있다. 예로부터 우리나라에 부자는 여러 명 있었으나 다들 그리 오래 가지 못했고, 또 존경을 받는 부자는 참으로 드물었다.

최근에도 많은 재벌의 오너들이 정당한 방법으로 부를 형성하지 못하고 또 그 부를 행사함에 있어서도 사회적 윤리에 부합하지 않아 지탄의 대상이 되는 경우가 많은 사실을 볼 때 최 부자 일가의 경영 철학을 다시 음미해 보고 그들의 행적을 더듬어 보는 것은 존경받는 부자의 표상을 확립한다는 의미에서도 의의가 있다고 할 것이다.

경주 최 부자 가문에는 유난히도 후손들에게 남겨 준 유훈(遺訓)이 많다. 흔히 알려져 있는 여섯 가지의 가훈을 비롯하여 어떠한 상황에 처했을 때 처신 방법을 제시해 주는 육연(六然), 가정에서 지켜야 할 도리를 다룬 가거십훈(家居十訓), 장가를 가는 아들에게 주는 글과 시집을 가는 딸에게 주는 글 등 여러 가지 교훈을 볼 수 있다.

우리는 누구나 부자가 되기를 원한다. 그리고 그 부가 자손 대대로 오래 지속되기를 원한다. 경주 최 부자는 만석의 부를 이루었고 그것을 10대에 걸쳐 300년 동안 지켜 왔다.

이탈리아의 메디치 가문이 200년 가까이 부와 권세를 휘둘러 왔지만 300년 동안 부을 이어 온 경우는 세계적으로 유례가 없다.

우리의 속담에 "부자 3대를 못 간다."라는 말도 있듯이 3대를 지키기도 힘든 부를 10대에 걸쳐 지켜 온 것은 참으로 놀랍고도 대단한 일이 아닐 수 없다. 이는 부를 이루기도(創業) 어렵지만 이를 지속하기(守成)는 더 어렵다는 것을 보여 준다.

요즘은 '유산 물려주지 않기 운동'도 벌이고 있지만 단순히 부를 오래 이어 온 것만 능사로 삼아 자랑할 일은 아니다. 소크라테스가 "부유한 사람이 그 부를 자랑하고 있다 하더라도, 그가 그 부를 어떻게 쓰는가를 알기 전에는 그를 칭찬해서는 안 된다."라고 말한 바와 같이 부자를 칭찬하는 데는 신중에 신중을 기할 필요가 있다.

그럼에도 불구하고 여기에 한 부자 가문을 드러내어 그 뜻을 되새기고자 하는 것은, 이웃에게 늘 베풀면서도 그토록 오랫동안 부를 지켜 왔고, 끝내는 그 부를 참으로 쓸 만한 곳에 내어 준 것이야말로 진정 존경할 만한 일이기 때문이다. 안목을 넓게 잡아 긴 시간의 지평을 보면서 스스로의 분수를 알고 절약하며 이웃을 사랑하고 조상의 정신을 이어 마지막으로는 대학을 만드는 데 전 재산을 들여 사회에 환원하고 빈손으로 돌아간 최 부자의 행적은 단순한 한 가족사의 범위를 넘어 훌륭한 부자의 사례이다.

차례

프롤로그

오늘에 다시 최 부자를 찾는 까닭 · 5

제1부 집안을 일으키고 300년 부의 기반을 다지다

- 천석꾼, 만석꾼이란 어느 정도의 부자인가 · 23
- 300년 만석꾼 집안의 기초를 다진 최진립 · 27
- 300년 만석꾼 집안의 첫 번째 비밀 · 36
  - 부를 유지하기 위한 최소한의 지위만을 갖는다
- 300년 만석꾼 집안의 두 번째 비밀 · 43
  - 한국적 인간관계에 바탕을 둔 노사 관계를 실천한다
- 가업의 이념을 정리한 최동량 · 48
- 만 석 재산을 일구어 낸 땅 경주시 내남면 이조리 · 53
- 300년 만석꾼 집안의 세 번째 비밀 · 59
  - 함께 일하고 일한 만큼 가져간다
- 300년 만석꾼 집안의 경영 철학, 가거십훈 · 67
  - 산업의 근본으로 가산을 일군다

제2부 원칙을 지키는 경영으로 300년 재산을 일구다

- 300년 만석꾼 집안의 네 번째 비밀 · 80
  - 군림하지 않고 경영하는 중간 관리자를 세운다

- 300년 만석꾼 집안의 다섯 번째 비밀 · 87
  - 양입위출, 들어올 것을 헤아려 나갈 것을 정한다
- 300년 만석꾼 집안의 여섯 번째 비밀 · 91
  - 사회적 책임을 저버리지 않고 받은 만큼 사회에 환원한다
- 최 부잣집의 가주, 교동 법주 · 96
- 300년 만석꾼 집안의 일곱 번째 비밀 · 97
  - 때를 가려 정당한 방법으로 재산을 늘린다
- 300년 만석꾼 집안의 여덟 번째 비밀 · 104
  - 지나치게 재산을 불리지 않는다

제3부 사회적 윤리를 실천하며 300년 재산을 지키다

- 재산은 날로 늘었지만 벼슬은 하지 못한 최승렬 · 119
- 300년 만석꾼 집안의 아홉 번째 비밀 · 122
  - 청백리 정신에 바탕을 둔 근검절약 정신을 실천한다
- 300년 만석꾼 집안의 구체적 상황 대처법, 육연 · 125
- 이조리 땅을 버리다 · 130
- 가문의 새로운 중심지, 천하 명당 경주 교리 · 133
- 300년 만석꾼 집안의 열 번째 비밀 · 142
  - 이루기 힘든 일일수록 자신을 낮추고 겸손한 마음으로 행한다
- 300년 만석꾼 집안의 열한 번째 비밀 · 151
  - 주변에 사람들이 끊이지 않게 하고 항상 후하게 대접한다

- 300년 만석꾼 집안의 열두 번째 비밀 · 156
  - 자신을 낮춰 상대가 경계하지 않도록 한다
- 벼슬을 향한 허망한 꿈 · 158
- 300년 만석꾼 집안의 열세 번째 비밀 · 160
  - 덕을 베풀고 몸으로 실천한다
- 300년 만석꾼 집안의 열네 번째 비밀 · 166
  - 2등을 위해 1등만큼 노력한다

제4부 가치 있는 일을 위해 300년 부를 버리다

- 마지막 최 부자, 최준 · 171
- 전 재산을 바칠 필생의 사업을 찾은 마지막 최 부자 · 176
- 독립 운동의 경제적 기반, 백산 상회 · 183
- "최 부잣집이 망했다!" · 189
- '이대도강'의 교훈 · 194
- 300년 동안 모은 재산으로 학교를 세우다 · 203
- 300년 만석꾼 집안의 열다섯 번째 비밀 · 209
  - 가치 있는 일을 위해서는 모든 것을 기쁘게 버린다

에필로그

300년 만에 지는 노을 · 219

가훈 家訓

- 첫째   과거를 보되, 진사 이상은 하지 마라
- 둘째   재산은 만 석 이상 지니지 마라
- 셋째   과객을 후하게 대접하라
- 넷째   흉년기에는 땅을 사지 마라
- 다섯째   며느리들은 시집온 후 3년 동안 무명옷을 입어라
- 여섯째   사방 백 리 안에 굶어 죽는 사람이 없게 하라

가거십훈 家居十訓

1. 인륜을 밝힌다 (明人倫)
2. 어버이를 섬김에 효도를 다한다 (事親孝)
3. 임금을 사랑함에 충성을 다한다 (愛君忠)
4. 가정을 잘 다스린다 (宜室家)
5. 형제 사이에는 우애가 있다 (友兄弟)
6. 친구 사이에는 신의가 있다 (信朋友)
7. 여색을 멀리한다 (遠女色)
8. 술에 취함을 경계한다 (戒酗酒)
9. 농업과 잠업에 힘쓴다 (課農桑)
10. 경학을 익힌다 (講經學)

육 연 _{六然}

자처초연(自處超然): 스스로 초연하게 처신하라

대인애연(對人靄然): 남에게 부드럽고 온화하게 대하라

무사징연(無事澄然): 일이 없을 때는 맑게 처신하라

유사감연(有事敢然): 일이 있을 때는 과단성 있게 하라

득의담연(得意淡然): 뜻을 얻었어도 담담하게 처신하라

실의태연(失意泰然): 뜻을 잃었어도 태연하게 처신하라

제1부

집안을 일으키고 300년 부의 기반을 다지다

 천석꾼, 만석꾼이란 어느 정도의 부자인가

경주 최 부자를 세칭 9대 만석꾼이라고 부르는 경우와 10대 만석꾼 또는 12대 만석꾼으로 부르는 경우에 대한 세 가지 자료가 있다.

경주 최씨 교동 종친회에서 간행한 책과 조용헌 교수의 책에서는 세칭 12대 만석꾼이라고 기록하고 있고, 경상북도 교육 위원회에서 발간한 「내고장 경상북도」(역사편)와 이수락 선생의 글에서는 10대 만석꾼이라고 기록하고 있으며 최해진 교수의 논문에서는 세칭 9대 만석꾼으로 나타내고 있다.

일반적으로 몇 대조 또는 몇 대손이라고 할 때는 세(世)에서 1을 빼지만 그냥 몇 대라고 할 때는 세와 같은 수로 보는 것이다. 그러므로 마지막 최 부자를 최준으로 볼 때 9대로 친다면 최의기로부터 시작하고, 10대로 보면 최국선으로부터 시작하고, 12대로 친다면 최진립으로부터라고 할 수 있다. 그러나 다음에서 보는 기록에 의하면 정무공 최진립은 그 지역의 작은 부자였음에는 틀림없으나 큰 부자 더군다나 만석꾼으로 보기는 어렵다.

정확히 누구 대부터 만석의 부를 가지게 되었는지 확인할 수 있는 기록은 없다. 그러나 경주 최씨 선대의 행장에서 보면 마지막 최 부자인 최준의 9대조인 최국선 때부터 부가 정착된 것이 거의 확실하다. 그러므로 12대 만석꾼이 아니라 10대 만석꾼으로 보는 것이 비교적 정확하다고 말할 수 있다.

또한 '만석'이라는 것도 다소 애매하다. 우리나라에서는 옛날부터 숫자에 그리 정밀하지 못했다. 수를 헤아림에 있어서 두서너, 네댓, 예닐곱 등과 같이 애매하게 표현하는 경우가 많았고, 군 단위 정도에서 부자다 하면 천석꾼으로 말하고 도 단위로 부자다 싶으면 만석꾼이라 부르는 경향이 있었다. 그러므로 만석꾼이라고 불린다 하더라도 정확하게 만석이 아닐 수도 있는 것이다. 여러 가지 정황으로 보아 초기의 최 부자는 만석꾼이라고는 하지만 대체로 5천 석 정도를 넘긴 부자였다고 볼 수 있다.

우리나라에서는 대지주를 말할 때 천석꾼, 만석꾼이라는 말을 썼는데, 이것이 어느 정도의 재산 규모를 나타내는지 생각해 볼 필요가 있다.

우선 천석꾼, 만석꾼이라 함은 천석, 만석을 생산하는 것이 아니라 소작료 수입이 천석, 만석이라는 뜻이다. 그러므로 만석꾼이라면 만석의 소작료를 받는 사람이고, 만석의 소작료를 받으려면 소작인과 반 가름을 할 경우 최소한 2만 석을 생산하는 규모를 말한다.

자료를 통해 몇 가지를 확인해 보면 석(石)이라는 말은 우리말의 '섬'과 같으며, 1섬은 10말(斗)이다. 19세기 초 1결은 약 40두락으로 잡았고, 지주의 소작료 수입을 수확량의 반으로 잡으면 1두락(斗落)당 소작료 수입이 10두인 것이다. 그러므로 1두락당 20말을 생산한다고 볼 수 있다. 따라서 만석의 소작료를 받기 위한 수확량은 2만 말이 되는 규모로 1만 두락이 된다. 이것은 약 1,330정보로 추정된다.

우리나라에서 결(結)은 조세를 계산하기 위한 논밭의 면적 단위로 약 1만 파(把)라고 한다. 여기서 '파'는 '줌'이란 뜻이며 줌이란 '주먹으로 쥘 만한 분량'을 말한다.

시대에 따라 조금씩 다르지만 대한제국 광무 9년(1905)에는 5주척평방(周尺平方)으로 정했다. 10줌을 한 뭇, 10뭇을 한 짐(負), 10짐을 한 총, 10총을 한 목('결'과 같음)이라고 했다.

또 두락이라는 말은 우리말로 '마지기'라고 하는데 땅의 면적을 나타내는 순 우리말로 되지기, 마지기, 섬지기가 있다. 되지기란 볍씨 한 되로 모를 부어 낼 수 있는 논의 넓이를 나타내는 단위를 말하고, 마지기란 한 말의 볍씨를 뿌릴 수 있는 땅의 넓이를 말한다.

정약용은 '1결의 논에서 수확하는 곡식이 많으면 800두요, 적으면 600두요, 더 적으면 400두'라 했고, 『전론(田論)』에 의하면 만석꾼의 소유 규모가 400결을 내리지 않는다고 했다. 따라서 400결은 만 6000두락 정도이고 이것을 환산하면 약 1,070정보가 된다. 경기도 강화 김씨 지주가의 「추수기(秋收記)」를 분석한 경제사 논문에 의하면 19세기 중엽의 두락당 소작료 수입을 평균 12.32두로 밝히고 있다. 따라서 개항 이전 시기의 만석꾼은 12,300두락 정도로 약 1,080정보 규모였음을 알 수 있다.

이러한 사료를 종합해 볼 때 만석꾼의 대지주란 약 1,000정보 그러니까 1정보는 3,000평이므로 300만 평 정도라고 확인할 수 있다. 그러나 1920년대가 되면 농업 생산력이 향상되어 반드시 1,000정보가 아니더라도 만석꾼의 소리를 들었을 것이다.

어쨌든 만석꾼은 약 300만 평의 논밭을 가진 엄청나게 큰 부자임을 알 수 있다.

300년 만석꾼 집안의 기초를 다진 최진립

이렇게 엄청난 재산을 오랫동안 간직해 온 경주 최 부자의 가문을 일으킨 사람은 바로 마지막 최 부자 최준의 11대조인 정무공 최진립 장군이다.

경주 최씨는 신라의 전신인 진한의 6부촌 중 하나인 돌산 고허촌의 대인 소벌도리를 득성조로 하며, 신라 말 진성여왕 때의 고운 최치원을 시조로 11세손까지 크게 24파로 나뉘는데, 관가정공파, 사성공파, 광정공파, 정랑공파, 화숙공파, 충렬공파 등 6대파가 주축을 이루고 있다. 그중에서도 관가정공파와 사성공파의 후손들이 가장 많다고 한다.

『삼국유사』에 의하면, 신라 건국 이전인 진한 시대에 경주를 중심으로 동서남북에 6부촌이 있었는데, 이 6부촌장들이 박혁거세를 추대하여 군주로 삼았다고 한다.

이 6부 촌장은, 알천 양산촌의 촌장 알평은 이(李)씨의 시조이고, 돌산 고허촌의 소벌도리는 최(崔)씨, 무산 대수촌의 구례마는 손(孫)씨, 취산 진지촌의 지백호는 정(鄭)씨, 금산 가리촌의 지타는 배(裵)씨, 명활산 고야촌의 호진은 설(薛)씨의 시조이다.

신라 제3대 유리왕이 이들 6부 촌장에게 성(姓)을 내렸으나 당시에는 왕족이 아닌 일반인은 이름만 부르고 성을 갖추어 부른 예가 많지 않다가 신라 말부터 성을 널리 사용하게 되었다고 한다.

오늘날 영남 지방의 경주 최씨는 거의 사성공파와 광정공파에 속하고, 황해도, 경기도, 충청도 지방의 경주 최씨는 대체로 관가정공파와 화숙공파가 많다고 한다.

경주 최씨 사성공파는 조선 초 성균관 사성을 지낸 최예(1373~1398)를 파시조로 하여 그 후 6대 손인 정무공 최진립(1568~1636) 때 다시 갈라져 사성공파 중 가암파로 분파되었다.

정무공 최진립은 자가 사건이요 호는 잠와다. 최신보의 네 아들 중 셋째로 선조 원년(1568)에 경주부 부북 현곡촌 구미동에서 태어났다.

그는 태어나면서 부남면 이조에서 성장했는데 원래 이

마을은 외가인 평해 황씨와 파평 윤씨의 터전이었다. 즉, 최진립의 아버지인 최신보가 그의 처가(장인은 참봉 황임종이었다.)로 이주해 살았음을 알 수 있다. 세 살 때 어머니 황씨 부인이 세상을 떠나 최진립은 서모의 손에서 자랐다. 자라서는 당시 최씨가의 문장(한 문중에서 항렬과 나이가 제일 높은 사람)이자 진사인 최신린에게 글을 배웠다.

최진립은 어려서부터 예의 법도가 있었다. 그의 나이 열 살 때 아버지가 돌아가셨는데 장례와 제례를 모두 예문에 좇아 처음부터 끝까지 게을리 하지 않아 이웃과 마을에서 감탄하지 않는 이가 없었다고 한다.

최진립이 스물다섯 살이 되던 해인 선조 임진년(1592)에 임진왜란이 일어났다. 그해 4월 부산포에 상륙한 가토오 기요마사의 2만여 왜군이 경주를 향해 올라왔다. 당시 최진립의 집은 경주군 내남면 이조리에 있어서 울주 방면에서 경주로 들어오는 길목에 있었다.

이제까지 부산 근방의 해안에 이따금씩 왜구가 침범해 와서 노략질해 간다는 소문은 많이 들고 있었지만 이렇게 내륙 깊숙이 침범해 오는 경우는 처음이었다.

"기별이를 시켜 빨리 가서 좀 더 소상히 알아 오도록 해라."

최진립은 가족들과 노복들을 모아 이에 대한 준비를 서

둘렀다.

병서를 여러 권 읽은 최진립은 싸움에 임하는 요령을 어느 정도 알고 있었다. 저녁 해가 떨어질 무렵 왜군 수백 명이 이조리 마을로 들어왔다. 그들은 닥치는 대로 불을 지르고 미처 피난하지 못한 부녀자들의 머리채를 끌고 희롱하며 마을을 온통 쑥대밭으로 만들었다. 일부 부대는 경주로 더 올라갔지만 일부의 병사들은 이조리에서 밤을 지내기로 작정했다. 최진립의 집이 이조리에서 제일 큰집이었기에 왜군 100여 명은 이 집을 본거지로 하룻밤을 지내고 다음 날 경주성으로 쳐들어 갈 심산이었다.

최진립은 재빨리 가족들과 하인들을 길 동편의 산 위로 피하게 하고 집을 비웠다.

최진립은 집 뒤쪽에 있던 땔나무를 마당 가운데로 옮기게 했다. 왜군 100여 명은 텅 비어 있는 최진립의 집을 점령해 저녁을 해 먹고 마당에 천막을 친 뒤 보초 몇 명만 세워 둔 채 곯아떨어졌다.

자정 무렵 문간을 지키던 보초도 꾸벅꾸벅 졸기 시작하자 덤불 속에 숨어 있던 최진립은 동편 산 쪽으로 불을 흔들었다. 그 불빛을 신호로 하여 산 중턱에서 대기하고 있던 스물댓 명의 노복들이 재빨리 내려왔다. 최진립은 그들을 문 앞의 골목 곳곳에 매복시켰다. 그날따라 바람이 많이 불었다. 최진립은 바람 방향을 따라 땔나무에 불을 질렀다. 집을 비우고 피할 때 이미 최진립은 그날의 바람을 보고 화공(火攻)을 생각한 것이다. 불어오는 바람에 금세 사방에서 불길이 솟구치면서 잠자던 왜군이 불에 타죽었고 간신히 이를 피해 대문 밖으로 도망쳐 나온 적들은 미리 매복시켜 둔 노복들이 활로 쏘거나 죽창으로 찔러 죽였다. 잠결에 기습을 당한 왜군 소대장은 부하 몇 명만 거느리고 혼비백산하여 도망쳤다.

이튿날 최진립은 조총과 창, 칼 등 노획한 무기를 관가에 바쳤다. 이때부터 최진립은 신출귀몰한 장군으로 소문나게 되었다.

그러나 머지않아 경주성은 왜군에게 함락되었다. 그해 8월 당시의 경주 부윤 박진은 경주성 탈환을 목적으로 판관 권응수, 박의장을 선봉으로 삼아 공격을 감행했다. 경주성이 함락되자 최진립은 동생과 함께 판관 박의장을 따라 무명으로 종군했다.

그동안 속수무책으로 당하기만 하던 농민들도 최진립의 쾌거를 듣고 그를 따르기 시작했다. 그는 무인 김호, 주사호, 최신린 등과 함께 의병 수천 명을 모아 결국 경주성 탈환에 성공했다.

그 다음 해인 갑오년(1594)에 최진립은 무과에 급제하여 정식으로 부장 벼슬을 받았으나 몇 차례에 걸친 전투에서 얻은 병으로 물러났다.

3년 후인 정유년(1597)에 다시 왜군이 침입하자 최진립은 수백의 군을 이끌고 미리 토굴을 만들어 적을 유인하여 무찌르는 등 많은 전투에 종군했다.

전쟁이 끝난 후 훈련원정을 제수받았다. 곧이어 선전관 등에 임명되었으나 사양하다가, 정미년(1607)에 도총부도사에 임명되자 거듭 사양하는 것은 예가 아니라고 판단하여 비로소 관직에 나갔다. 이듬해에 마량첨사에 임명되어서는 힘없고 병든 백성을 도우면서 일용의 물자를 절약하여 성과 못(池)을 수리하고 기계와 장비를 고쳤다. 이때 못을 수리하고 보를 쌓는 기술을 익힌 것이 훗날 농업을 일으키는 데도 크게 보탬이 되었다.

다시 신해년(1611)에 경상좌도 우후(각 도에 둔 병마절도사와 수군절도사를 보조하는 일을 맡아보던 무관 벼슬)에 제수되었고 갑인년(1614)에는 함경도 경원부사에 제수되어 통정대부에 올랐다.

신유년(1621)에는 별장으로 양책관에 머물렀는데 이때 중국 장수 모문룡이 금나라 군사들에게 쫓기고 있었다. 한번은 금나라의 복병이 덮쳐 오자 도망친 모문룡의 군사들이 최진립의 군사 틈에 끼어 공격을 피하는 자가 많았다. 어느 날 또다시 금의 복병이 침범하여 많은 병졸을 죽이고 갔는데, 모문룡의 접반사인 이형원은 최진립이 시기를 늦추었다고 조정에 보고하여 심문을 받게 되고 결국에는 경남 울산으로 귀양을 가게 되었다.

최진립은 억울했다. 원인은 모문룡에게 있었고, 지휘권도 모문룡이 가지고 있어서 함부로 어쩔 수 없다는 것이 명백한데도 자신에게 죄를 씌우는 것이 아닌가. 그러나 최진립은 참았다. 그 모든 것이 단순한 전투상의 실책 때문이 아니라 복잡하게 얽힌 당파 사이의 권력 구조 때문이라는 것을 알았기 때문이다.

그때 최진립은 깨달았다. 나라를 위해 충성을 바치는 것은 옳은 일이나 관직에 있다는 것은 항상 대립되는 파벌과 함께 있어야 하므로 언제 모함에 빠지거나 언제 숙청될지 알 수 없다는 것을 말이다. 더구나 난리를 만날 때면 간신과 모리배들이 더 기승을 부려 일선에서 목숨을 바쳐 싸우는 사람 뒤에서 정치적으로 농간을 부리는 사람들이 있다는 사실을 체험한 것이다.

2년이 지나 계해년(1623)에 광해군이 퇴위하고 인조반정으로 정권이 바뀌자 최진립은 귀양살이에서 풀려 외관직의 정7품인 가덕첨사가 되었으며 3년 후 병인년(1626)

경주시 내남면 용산리에 있는 용산 서원.
정무공 최진립을 봉향하고 있다.

겨울에 다시 경흥부사로 북방을 지킬 때 맏아들의 상을 당했으나 노비를 시켜 수천 리 길을 달려 슬픈 감회를 전하는 조문만을 보냈다.

여러 관직을 맡으며 군사와 백성을 다스리는 일에 힘썼던 그는 병자호란이 일어나자 최전선에서 적군과 싸우다가 순국하니 그 해가 인조 병자년(1636) 12월 27일이었고 그의 나이 예순아홉이었다.

최진립은 이처럼 청렴하고 장렬하게 일생을 마쳤다. 그는 평소에도 관사에 첩을 두지 않았으며, 뇌물은 물론이고 선물이나 물건에도 마음을 두지 않았다.

당대의 문장가이며 홍문관 대제학과 세자 좌빈객을 지낸 조경이 지은 최진립의 비명을 보면 다음과 같다.

그 누구 옥과 눈 같은 그 절조!
기름진 고기도 그림 자체로 물리쳐졌으며,
그 누구 철석 같은 간장 세 쌍의 미녀라도 마음대로 되지 않아.
그 누구 저 우뚝한 이 일으켜 외적 잡아매게 하였으며,
그 누구 저 흰머리 보내어 과자와 다투게 하였던고!
처음에도 내 뜻이었고 마지막에도 내 의리였네.
오직 그뜻 그 의리에서 돌아감으로써 죽음을 보았도다.
어디엔들 죽음 없으리 마는 그의 절개 우뚝이 으뜸 되어
늠름한 정기와 넋을 언양의 흙 묻어 내지 못해
밤마다 긴 무지개처럼 견우성 북두성 꿰었구나!

1

부를 유지하기 위한 최소한의
지위만을 갖는다

300년 만석꾼 집안의
첫 번째 비밀

 69세의 노구를 이끌고 장렬하게 전사한 최진립은 평소에 자식들에게 당부한 다음과 같은 유훈(遺訓)이 있었다고 한다.

 바라건대 너희들은 무릇 내가 전하는 바를 어기지 말고 시행해야 할 것이다. 사람이 태어나서 한평생을 사는 데는 하늘이 내린 각자의 할 바가 있다. 먼저 나라가 위급하면 몸을 아끼지 말고 충성하여 나라를 구해야 할 것이다. 나라가 없는데 어찌 개인이 있을 수 있겠는가. 다음으로 가문을 지켜야 한다. 가문이야말로 모든 생명의 뿌리가 박힌 곳이므로 이를 가꾸지 않음은 뿌리를 박을 터를 잃어버림과 다름이 아니다. 가문과 나라를 지키면서 부단히 학문하기에 힘써라. 학문이 없이는 밝음(明)이 없고 밝음이 없는 어둠의 생활은 뭇 짐승의 삶과 무엇이 다르겠느냐. 그러나 벼슬을 목적으로 학문을 하지 마라. 뭇 사람들과의 복잡한 이해관계 속에서 원만하게 벼슬자리를 수행하기란 지극히 어렵다. 사람이 왕후장상의 아들로 태어나지 않은 이상 권세와 부귀를 모두 가질 수는 없다. 권세의 자리에 있음은 칼날 위에 서 있는 것과 같아 언제 자신의 칼에 베일지 모르니…… 과거를 보되 진사 이상의 벼슬은 하지 마라.

이것이 경주 최 부자 가문의 첫 번째 가훈이 되었다.
최진립은 후손들에게 엄청난 과제를 안겨 준 것이다. 과거를 치러 진사는 하라는 것이다. 여기서 진사란 무엇인가?
이병도의 「한국사」를 보면 조선 시대의 과거 제도에 대해 다음과 같이 기술되어 있다.

조선 시대에 특수 신분층의 유일한 욕망의 대상은 관직이라는 벼슬자리였고 그것을 획득함으로써 일신(一身)과 일가(一家)에 귀(貴)와 부(富)가 따르도록 약속되어 있었다.
이러한 출세의 길은 각종 과거에 의한 방법과 공신의 자손에게 주는 음직의 특전, 학덕이 높은 숨은 선비를 초탁하는 경우도 있으며, 사마시 출신자나 유학(비과거 출신자)으로서도 출사할 수 있는 길이 있었으며 이러한 경우를 특히 남행이라고 불렀다.
당시의 학제를 보면 유학의 최고학부인 성균관은 사마

시에 합격한 사람을 정규 학생으로 하고 정원이 미달할 경우 경내사학(중학·서학·동학·남학)의 우수한 유생을 뽑아 보결생으로 했다.

과거 제도를 보면 유생에게 보이는 사마시와 문과, 한량에게 보이는 무과, 중류 계급의 자녀들에게 보이는 잡과 등이 있었다.

소과인 사마시는 일종의 자격 시험에 불과한 것으로 생원과와 진사과가 있다. 생원과는 주로 경학을 중심으로 하고 진사과는 주로 시(詩)와 부(賦) 등의 문예를 시험했으며, 1차 시험을 초시, 2차 시험을 복시라 했다. 초시는 서울에서 보는 것을 한성시라 하여 200명을 선발했고, 각 도에서 보는 것은 향시라 하여 500명을 뽑았으며 초시 합격자는 서울에서 복시에 응시할 수 있으며 최종적으로 7분의 1인 100명만 합격시켰다. 이 복시에 합격한 사람에게는 백패라고 하여 흰 종이의 합격증을 주었다.

3년마다 정기적으로 실시하는 이러한 과거 제도는 시간이 흐르면서 선비들로 하여금 형식적으로 옛 사람의 글귀를 따서 글을 짓는 심장적구(尋章摘句)에 흘러 심오한 경의(經義)의 연구나 진지한 실천을 소홀히 하고 오로지 출세에만 급급해하는 경향을 낳게 했다. 또 과거제의 문란, 고시관의 부정 등에 의해 세도가의 자제는 실력이 없어도 합격이 되는가 하면 무명의 선비는 실패를 거듭하여 초목과 함께 썩어 버리는 경우가 많았다.

따라서 비록 양반 입문 자격 시험에 불과한 진사 시험도 2차 복시까지 합격하기는 쉬운 일이 아니었다.

그렇다면 최진립은 왜 벼슬로 나가지도 않을 것이면서 이렇게도 쉽지 않은 진사 시험에 합격하라는 숙제를 낸 것일까?

그것이 이 가문을 오랫동안 유지하게 한 비밀 중의 하나다.

그 첫번째 이유는, 조선 시대는 철저하게 양반이 지배하는 사회로 양반이 되지 않고는 신분이나 부를 유지할 수 없었다. 자유 농민이 경작하는 소위 민전은 매우 불안정한 것이었다. 민전의 경우 국가 또는 수조권자의 생각에 따라 얼마든지 병합하거나 몰수될 수 있었으므로 토지 경작권을 단순히 점유하는 상태에 불과했다.

그러므로 조선 초기 양반 신분의 유지는 부의 유지에 필수 조건이라 할 수 있다. 당시에는 양반 신분일수록 농지 소유에 있어서 우월자가 되었다. 재산을 유지하기 위해서는 양반이 되어야 하고 양반이 되기 위해서는 최소한 소과인 진사나 생원에 급제해야 한다. 이러한 조건에서

"과거를 보되 진사 이상은 하지 말 것"이라는 가훈을 만들었다고 볼 수 있다.

또한 진사는 하되 벼슬은 하지 말도록 한 것은 당시의 정치적 구조를 경험한 최진립의 뼈아픈 교훈으로, 벼슬을 하면 욕심의 끝이 없어 권력에 맛을 들이게 되고 결국에는 권력 다툼에 휘말리게 되어 권력 구조가 바뀌면 철저히 보복당해 가문을 유지할 수 없다는 것이다.

또한 글을 읽지 않는 무식한 부자는 부를 지키기도 어렵다는 것을 일러 주는 말이기도 했다.

손숙경의 글(「조선 후기 경주의 이조 최씨 가문과 용산서원의 고문서」)에 의하면 이조리의 최씨 가문에서 문과 및 사마시에 합격한 사람은 문과 두 명, 진사 네 명, 생원 아홉 명이 있었다고 밝히고 있다.

이러한 사실로 미루어 볼 때 최 부잣집에서는 막대한 부를 누리고 있으면서도 선비 정신을 지키고 동시에 부를 지키려는 노력을 게을리 하지 않았고 선대의 유훈을 지키려고 했다는 것을 알 수 있다.

경영학자 신유근 교수는 우리나라의 기업과 정부가 대체로 수직적 관계 구조로 상향 유착적인 관계를 형성해 왔다고 지적한다. 이것은 미국의 수평적 다원주의와 일본의 경사적 협력주의와는 다른 형태라고 할 것이다.

우리나라는 옛날부터 중앙 집권적 관료주의의 풍토 속에서 모든 일이 이루어졌기 때문에 '관(官)'이라고 불리는 정치의 힘에 대해 무조건적 두려움을 가지고 있었다. 따라서 이에 순응하고 복종하지 않을 수 없었다. 이러한 수직적 관계 속에서 부자나 기업은 국가의 권력과 자원에 의존해 가업이나 기업을 성장시키려는 상향적인 유착 관계를 만들어 왔다.

따라서 정권이 바뀌면 파트너가 된 새로운 기업가와 유착하여 새로운 재벌이 탄생하면서 지난 정권 때 유착했던 기업은 철저히 응징되고 배제된다. 일본의 경우도 겉으로는 정경 분리를 외치면서도 정치와 기업이 밀착되어 있는 것을 볼 수 있다. 다만 우리나라와 같이 정부가 절대적인 힘의 우위를 가지고 일방적으로 주도하는 모습과는 약간 다를 뿐이다. 정치인은 선택된 기업인에게 금융 지원과 제도 지원 등 여러 가지 특혜를 제공하고, 기업인은 정치인에게 정치 자금과 뇌물을 제공하여 서로가 필요한 힘을 교환함으로써 사회적 권력을 높여 나가는 것이다.

정치인이나 기업가들은 겉으로는 한결같이 정경 분리를 내세우고 있지만 그들은 서로가 서로를 이용해 온 것이 사실이다. 경쟁 관계에 있는 기업은 이러한 사실을 모를 리 없고 정권이 바뀌면 이러한 사실이 폭로되고 새로운 힘의 파트너가 구축되면서 새로운 보복이 이루어진다. 최근 우리나라에서도 당대에 재벌의 규모로 재계 2, 3위의 자리를 차지했던 기업이 정권이 바뀌자 온갖 치부가 한꺼번에 드러나면서 허망하게 무너지는 모습을 볼 수 있었다. 정치의 흐름을 파악하여 절대 무시해서는 안 되는 것이다. 그러나 어떤 정파와 결탁하여 특수한 관계가 되면 그 기업의 생명은 그리 오래갈 수 없는 것이다.

최 부잣집에서 이와 같이 양반의 지위를 인정받는 데 필요한 최소의 조건인 진사만 유지하면서 벼슬을 하지 않아 정쟁에 휩쓸리지 않은 것은 놀라운 장기적 안목이라 할 수 있다. 이것을 오늘날의 의미로 새겨보면 철저한 정경 분리 정신이라고도 할 수 있다. 동서 고금을 통하여 어느 시대에나 정치는 금력을 이용하고 재력가는 금력으로 세력을 매수하여 이권을 획득하여 더 많은 부를 얻으려고 노력한 것을 볼 수 있다. 그러나 이렇게 정경 유착으로 얻은 부는 몇 대를 내려가지 못하고 다시 정적에 의해 보복 당해 파멸에 이르는 경우를 우리는 너무나도 많이 보아왔다. 그래서 권불십년(權不十年)이라 하지 않던가!

최 부자의 이러한 정치적 중립 정신은 오랜 부를 유지하게 된 중요한 요인 중 하나라고 할 수 있다.

2. 한국적 인간관계에 바탕을 둔 노사 관계를 실천한다

300년 만석꾼 집안의
두 번째 비밀

최씨 가문 사람들은 지금까지도 최진립 장군을 그림자처럼 따라다니며 온갖 시중을 들다가 마지막에는 장군과 함께 죽은 충노 옥동과 기별에 대해서도 정무공의 제사를 물린 후 제사를 지내 주고 있다. 최근에는 이조리 가암촌에 이들 충노를 위한 불망비까지 세워 주었으니 어느 가문에서 노비에게 이러한 대접을 하였던가. 이것은 훗날 경주 최 부자 가문이 부를 유지하는 밑거름이 되었다.

지난 2000년에 이조리 경주 최씨 종택 옆에 세운 충노 불망비의 비문은 다음과 같다. 이 비문은 당시 경주 시장으로 있던 이원식이 글을 짓고, 가암파 종손인 최채량이 글씨를 썼다.

하늘이 영특한 이를 낳았으니 동국의 인걸이라 짐이 난리를 만나 어려움을 당하니 다른 이는 늙었다고 만류했으나 스스로 분발하였네. 한쪽 군대 무너지니 단손으로 어찌

경주시 내남면 이조리에 있는 충노 불망비.
최진립의 충성스러운 노비 옥동과 기별의 공적을 기리고 있다.

할고. 팔 척 몸이 심은 듯 한 치도 움직이지 않았네. 맑은 지조 뭇 사람이 우러르고 굳센 절개 짐이 공경해 마지않노라.

위의 글은 병자호란 때 최진립이 적과 싸우다 순절하자 인조 대왕이 애석하여 지어 보낸 제문의 한 구절이다.

이렇듯 충절과 청백으로 청사에 우뚝한 선생을 그림자처럼 따르며 평생을 묵묵히 도운 이들이 있으니 충노 옥동과 기별이라……

이들 노복은 임진왜란, 노곡·계연 전투, 정유재란 등에서 최진립 그림자처럼 따르며 묵묵히 도왔으며 결사대의 선봉에 섰다.

우리나라 어디에 노비에게 제사를 지내 주고 노비의 비를 세워 주었던가. 최씨 가문의 이러한 사실은 노비 즉, 부하를 가족처럼 끔찍하게 사랑하는 따뜻한 선비 정신의 증표라 할 수 있다.

우리는 누구나 힘, 즉 권력을 갖고 싶어 한다. 권력이란 어떤 개인 또는 집단이 다른 사람에게 영향을 미칠 수 있는 능력이다. 애초에 이것은 물리적 힘이었다가 정치적 힘이나 제도의 힘으로 바뀌고, 그것은 다시 경제적 힘으로 바뀌더니 최근에는 정보와 지식이 힘의 중심으로 바뀌고 있다.

베버는 권력이란 '사회적 관계에서 한 행위자가 다른 행위자의 저항에도 불구하고 자기의 의지를 실현시킬 수 있는 가능성'이라고 정의하고 있다. 여기서 이러한 권력은 어디서 생기며 누가 가지게 되는가를 관심 있게 봐야 한다. 학자들은 전통적인 개념으로 '정당성'과 '합법성'을 들고 있으며, 여기에 추가해서 '자원의 통제' 능력과 '불확실성의 감소'를 힘의 원천으로 보고 있다. 권력을 행사하려는 사람은 귀한 자원을 많이 가지고 통제함으로써 그것을 원하는 사람에게 주는 대가로 힘을 행사할 수 있다는 것이다. 또한 어떤 경영 조직에 있어서 개인이나 집단의 불확실성을 줄일 수 있는 능력이 권력을 만들어 낼 수도 있다.

옛날의 무당이나 점성가들은 물리적 힘이나 정치적 힘은 없었지만 불확실성과 공포로부터 벗어날 수 있는 신비한 힘을 가짐으로써 권력을 갖게 되었다. 가까운 예로는 미국 기업의 경우 1930년대와 1940년대에는 생산 문제가 가장 중요한 문제였으므로 생산에서의 불확실성을 제거해 줄 수 있는 기술자들이 권력의 핵심에 가까이 있었고, 1950년대에는 마케팅이, 1960년대에는 재무 관리가, 1970년대에는 법률 지식이, 1980년대에는 인적 자원의 관리가, 1990년대에는 정보 관리가 핵심 과제였기에 그 담당자들이 권력의 중심에 있었다. 그러므로 불확실성을 제거할 수 있는 능력이 힘의 원천이 될 수 있다는 것이다.

오늘날 기업에서 끝없이 일어나는 노사 갈등과 마찰도 서로가 가진 자원의 양보로 얻을 수 있는 대가에 균형을 이루려는 힘의 상호 작용이라고 볼 수 있다.

일반적으로 서구의 노사 관계가 대립적이고 계약적인 관계를 특징으로 한다면 동양 사회에서의 노사 관계는 가부장적 관계로 운명 공동체 내지는 생활 공동체로 뭉쳐지는 공동체적 노사 관계를 특징으로 하고 있다. 최 부자의 이러한 정신은 바로 생활 공동체적 노사 관계의 실천이라 할 수 있다.

오늘날 우리나라 노사 관계의 바람직한 발전 방향은 한국적인 공동체의 원리와 산업 민주주의에 기초한 공동체적 노사 관계의 실현이라는 것이 여러 학자들의 공통된 의견이다.

산업 민주주의는 기업의 성장성, 합리성 그리고 민주성의 세 가지 개념이 균형을 유지하는 상태라고 할 수 있다.

사용자인 기업가는 언제나 생산성의 향상이나 합리성에 관심을 가지는 반면, 노동자는 공정성이나 인간성의 존중과 같은 민주성에 보다 많은 관심을 가지고 있기 때문에 이 두 집단의 조화를 이루기가 매우 어렵다.

여기에서 현실적으로 약자의 입장에 있는 근로자는 특별한 보호 장치가 없으면 사용자에게 불이익을 받을 수밖에 없기 때문에 법적 장치를 마련할 수밖에 없고 이러한 제도가 충분히 마련되지 않으면 폭력적인 대립이 있을 뿐이다.

그러므로 이러한 산업 민주주의 개념에 '한국적인 공동체 원리'를 결부시켜야 한다는 주장이 있다. 사회학자 김경동 교수는 이러한 한국적 원리로서 전통 문화의 사상적 기초가 된 『역경』의 원리 즉 '음양 상호 작용의 변증법적 원리'를 제시하면서 노사가 대립에서 벗어나 보완과 통합을 통해 중용을 실현하는 관계를 만들어야 한다고 주장한다. 또 경영학자 신유근 교수는 한국적인 인간 관계의 원리를 '화합, 협동 정신의 원리'로 보고 생산성 원리, 자제 양보, 상호 신뢰, 인격 존중, 공정 배분, 노사 대등, 대립 협력, 노사 자율, 대화 타협 등의 9가지 원칙을 제시한 바 있다.

"기업은 사람이다."라는 말이 있다. 모든 일은 결국 사람이 하게 되고 사람을 위하여 행하게 된다. 그러므로 지도자나 최고 경영자와 조직 구성원이 서로 이해하며 존경하여 역할을 잘 나눌 수 있는 기업이 성공할 수밖에 없다.

경주 최 부잣집에서 볼 수 있는 주인과 노비가 서로 인간적으로 존중하는 정신이나 믿고 자제하며 양보하는 정신은 한국적 공동체 원리의 좋은 예가 된다고 하겠다.

기업의 이념을 정립한 최동량

청백리 최진립 장군에게는 6남 1녀가 있었다. 그중 맏이 동윤은 최진립 장군이 경흥 부사로 있을 때 병약하여 일찍 죽었다. 그리고 넷째 아들 동길은 최진립 장군의 맏형인 최진흥에게 뒤를 이을 아들이 없어 양자로 삼아 출계했다. 그리고 다섯째 아들 동경, 여섯째 아들 동후와 딸 하나가 있다. 그러니 자연히 둘째 아들 동열이 맏이 역할을 하며 집을 지키고 셋째 아들인 동량이 아버지를 따라 임지로 다니며 시중을 들고 집안과 연락을 하는 등 가장 많은 활동을 했다.

셋째 아들 송정 최동량은 최진립 장군이 병자호란 때 충청도 공주 영장으로 재임 중 예순아홉의 노구를 이끌고 싸우고 있는 적진을 향해 달려가다가 아버지의 전사 소식을 들었다.

피비린내 나는 처절한 전쟁터에는 수많은 시체들이 널려 있었다. 최동량은 시체를 일일이 점검하며 아버지의 시신을 찾았다. 가까스로 아버지의 시신과 그 옆에 아버지를 껴안고 나란히 죽어 있는 노복 옥동과 기별의 시신을 수습한 동량은 간단히 염습하고 거적과 짚으로 고장(짚과 거적으로 지내는 장례)한 후 여러 형제들과 함께 운구하여 경남 언양 오지연에 장사했다. 최동량은 아버지의 묘 곁에 움막을 지어 3년 동안 시묘를 하면서 한 번도 집에 돌아오지 않았다.

최진립이 지방 사족으로 약간의 부자이기는 했으나 만

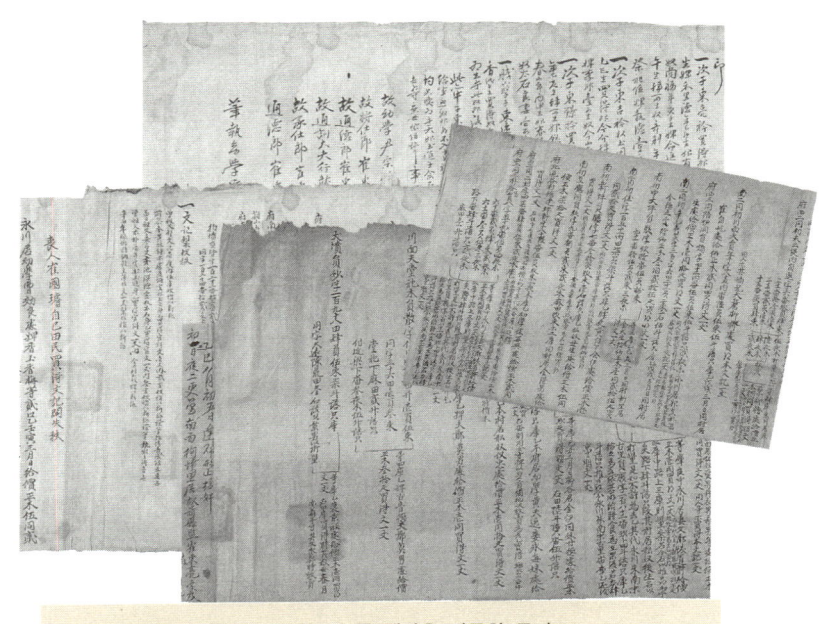

가족에게 나누어 줄 재산을 기록한 문서.
이 분재기를 통해 재산 규모를 알 수 있다.

석꾼으로 보기 어려운 근거는 그 집안의 분재기에서 확인할 수 있다. 최진립 때의 재산 정도가 어느 정도인지 추정할 수 있는 근거는 최진립이 죽은 뒤 을사년에 화회(호주가 재산을 분배하지 않고 사망한 경우 온 가족이 입회하여 재산 분배에 관하여 합의하던 일)하여 정서(초를 잡았던 글을 정식으로 베껴 씀)된 분재기에서 찾을 수 있다.

이 분재기에는 노비를 나누는 노비질과 전답을 나누는

전답질이 있다.

노비 52구(당시 노비들은 명 대신 입을 말하는 구(口)로 세었다.)를 형제 간에 골고루 나누었다. 맏이에게는 제사를 지낸다는 명목으로 네 명의 노비를 따로 배정하고, 사위에게는 다섯 명, 큰집 양자로 든 넷째에게도 다섯 명을 주고, 서자에게는 세 명과 시모 제사위로 두 명을 배정했으며, 맏이에게는 한 명을 더 주어 아홉 명으로 하고 둘째와 셋째, 다섯째에게는 똑같이 여덟 명을 주었다.

그렇다면 50여 명의 노비로 생산할 수 있는 규모가 어느 정도 인가를 생각해 보자.

자료에 의하면 1600년 무렵의 안동 진성 이씨 가문에서는 71명의 노비로 520두락의 전답을 경작했고, 안동 순흥 안씨 가문에서는 역시 70명의 노비로 739두락, 안동 풍산 류씨 가문에서는 143명의 노비로 1,169두락, 예산의 광산 김씨 가문에서는 216명의 노비로 1,645두락을 경작했다고 한다.

이러한 예로 보아 노비 50명으로는 500두락 정도를 경작했다고 볼 수 있다. 1두락당 벼 생산량을 20두로 본다면 500두락은 만 두 정도 생산할 수 있어 병작반수로 소작료를 걷는다면 5,000두(500두) 정도 받을 수 있다.

물론 이것은 집에서만 부리는 노비인 솔거 노비만으로

계산한 것이어서 집에서 멀리 떨어진 지역의 노비인 외방 노비를 제외한 계산이다. 그러므로 최진립의 경우 이조리 밖에 멀리 떨어진 전답이 약간 있었다 하더라도 그는 시골의 작은 부자임에는 틀림없으나 만석꾼에는 미치지 못한다.

그러나 최진립이 죽고 최동량이 터전을 이루어 손자인 최국선에 이르면 엄청나게 재산이 불어난다.

최동량이 아버지의 묘 옆에서 3년 동안 시묘살이를 하는 동안 집안 사정은 말이 아니었다. 그는 우선 세월이 지나면 잊혀질까 두려워 당대의 저명한 선비들을 두루 찾아다니며 아버지의 행장과 묘비문, 실록을 만들어 기록을 남기는 일을 먼저 챙겼다.

이것은 경영학적인 의미로 본다면 '기업 이념의 정립'이라고 말할 수 있다. '어떠한 삶이 가치 있는 삶인가?'에 대한 확실한 신념이 없으면 바른 길로 나아갈 수 없는 것과 마찬가지로 '왜 기업을 경영하는가?'에 대한 확고한 의미 부여가 없으면 혼이 없는 경영이 되고 마는 것이다.

이런 의미에서 최동량은 훌륭한 아버지를 표본으로 보임으로써 후손들이 본받고 따를 모델을 구축했으며 최 부잣집이 오래 유지될 수 있는 기초를 놓았다는 데서 큰 의미가 있다고 할 것이다.

그동안 몇 차례의 난리로 집은 거의 불타 버리고 농사도 피폐하여 먹을 것이 없었으므로 마을 사람들과 노비들은 유랑민이 되어 떠나 버렸고 이조리 마을은 폐허처럼 변해 있었다. 노비 중 일부는 임진, 정유 및 병자호란에서 전공을 세워 양인으로 신분이 상승하기도 했고 도주한 관노비도 많아 노비가 현저히 감소했다.

그러나 최동량은 다시 일어섰다.

집안을 일으키기 위해 그는 먼저 남아 있는 서른 명 정도의 노비와 함께 농사일에 전념했다. 그동안 아버지의 임지를 따라다니면서 배운 여러 가지 농사 기술을 보급했다.

그는 우선 천방 둑부터 정비했다. 전란 동안 손보지 못한 개천의 둑이 모두 무너져 비가 조금만 와도 인근의 논이 모두 범람해 애써 가꾼 농사가 일거에 휩쓸려 갔기 때문이다.

당시 나라에서는 식량 증산 정책을 펴고 있었고 땅을 개간하는 자에게 3년 동안 세금을 면해 주고 주인이 없는 밭이나 신전의 개간자에게는 소유권을 인정해 주는 권농책이 있었다.

만 석 재산을 일구어 낸 땅 경주시 내남면 이조리

　최동량이 가장 먼저 개천의 둑을 쌓아 보를 만드는 일을 한 것은 그가 살던 이조리의 지형과도 밀접한 관계가 있다.

　경주시 남쪽 내남면의 이조리는 속칭 '개무덤'이라고도 부른다. 풍수지리적으로는 금계포란형의 길지로 알려져 있다. 3면의 산이 마을을 향해 읍을 하고 있는데, 비보설(도와서 보충한다는 설)에 입각하여 송림을 조성하여 북쪽의 공백을 메우고 있다. 마을 전체를 휘감아 개천이 흐르고 있으며, 마을의 중앙에 천작도라는 노(櫓) 형상의 석물을 축조했다고 한다.

　이 마을의 명칭은 이조, 포회, 개무덤, 개모듬 등 설이 다양하다. '이조'는 신라 시대 이래의 향음으로 추정되고, 포회는 '포구가 감돌아 나간다'는 의미로 마을 주변의 개천과 관련된 것이라 하겠다. 이곳은 경주에서 울산으로 가는 방향의 형산강 상류로, 청도 방면의 산내면에서 박달리 상신리를 거쳐 내려오는 개울과 남쪽으로는 울주군 방면의 봉계리에서 내려오는 물이 양쪽에서 흘러와서 합수되는 곳이다.

　이곳을 개무덤이라고 부르는 데는 몇 가지 설이 있다.

첫 번째 해석으로는 개무덤이 '개의 무덤'이라는 뜻이 아니라 '개모음' 또는 '개모듬'이라는 말이 변해서 된 것이라 보는 것이다. 여기서 '개'란 '개울'을 말하는 것이다. 그러므로 '개 모듬'은 '개울이 모이는 곳'이라는 의미이다. 이곳을 포회라고 부른다는 설도 있는 것을 보면 개천과 관련된 것으로 짐작할 수 있다. 실제로 이곳은 물이 풍부하고 땅이 기름져서 농사가 잘되는 곳이다. 풍수에서도 이렇게 물이 흘러와 만나는 곳은 재물이 많이 모이는 터라고 본다.

또 하나는 개무덤을 '개의 무덤'이라고 보는 설로 최 부잣집의 분재기 등에 보면 개무덤을 한자로 '견분(犬墳)' 또는 '구분(狗墳)'으로 나타내고 있는 것을 볼 수 있다. 또 최정희가 쓴 『한국 불교 전설』 속에 이조리의 전설을 입에서 입으로 전하고 있다.

남편을 일찍 여의고 자식을 키우느라 고생하던 한 노파가 죽어 염라대왕 앞에 나왔다.

노파를 불쌍하게 여긴 염라대왕은 집 밖의 세상 구경도 제대로 못한 노파를 개가 되게 하여 아들의 집을 지키도록 환생시켰다. 이승에 있는 노파의 아들 박씨 집에서는 개 한 마리를 기르고 있었는데 갑자기 배가 불러지더니 새끼

한 마리를 낳았다. 강아지는 박씨 내외의 사랑을 받으며 날이 갈수록 쑥쑥 자랐고 박씨 부부는 집안을 개에게 맡겨두고 온종일 들판에 나가 일을 했다. 그 개는 매우 영특하여 동네 사람들에게 귀여움을 받았다.

그러던 어느 날 삼복 더위에 밭일을 마치고 돌아온 박씨는 갑자기 개를 잡아 먹고 싶은 마음이 생겼다. 그런데 다음 날 아침 그 개가 기척도 없이 자취를 감춰 버렸다. 그 개는 고개 넘어에 사는 딸네 집으로 도망갔다.

그런 일이 있은 지 며칠 후 박씨 집에 들른 스님 한 분이 문 앞에 선 채 말없이 박씨를 쳐다보며 전생의 어머니가 그 개로 환생했으며 지금 딸의 집에 있음을 알려 주었다.

그후 박씨는 개를 찾아 등에 업고 팔도 유람을 시작했다. 어느 날, 고향 근처에 다다른 박씨는 잠시 쉬다가 자기도 모르게 잠이 들었다. 잠깐 졸다가 깨어 보니 등에 업은 개가 없어졌다. 사방을 찾아보니 개는 앞발로 흙을 긁어 작은 웅덩이를 마련해 놓고 자는 듯 죽어 있었다. 박씨는 슬피 울며 그곳에 묘를 쓰고 장사를 지냈으며, 그후 박씨 일가는 가세가 번창하여 부자가 되었다.

이 전설에 의하면 경주시 내남면 이조리 마을엔 아직도 이 무덤이 남아 있어 오가는 사람에게 효심을 일러 주고 있다고 하나 실제로 이 무덤은 존재하지 않는다. 마을 이름에서 유추하여 누군가 지어 낸 이야기로 구전되어 내려오는 것인 듯하다.

이러한 전설 이외에 또 하나의 설로는 신라 진성여왕 때 각간(이벌찬, 신라 17관등의 첫 번째 벼슬)을 지내면서 진성여왕의 총애를 받고 정부 노릇을 한 위홍의 묘인 '개 같은 놈의 무덤'이 가까이 있어서 개무덤이라고 한다는 설도 있다.

첫 번째의 '개울이 모이는 곳'이라는 설이 가장 믿을 수 있는 것이라 할 수 있다. 어쨌든 전설의 마지막에서도 박씨가 부자가 되었다고 한 것을 보면 이 지역이 부자를 낳을 수 있는 기름진 땅임을 짐작할 수 있다.

내남면 이조리가 바로 경주 최씨 가암파 파시조인 정무공 최진립이 살았고 대대로 재산을 일구어 낸 땅이다.

손숙경의 글에서는 다음과 같이 기술하고 있다.

> 최진립이 이조리로 입향하기 전에는 파평 윤씨 일족이 이조의 지배적인 사족이었다. 그런데 이조 최씨들이 이 지역의 사족으로 성장하면서 파평 윤씨 일족은 다른 지역으로 이주한 것으로 추정된다. 그러나 이들의 이주 배경은 명확하지 않다.

경주 최씨 가문이 이조 지역에 입향하여 재지사족으로서 생존과 성장을 하는 과정은 대체로 세 시기로 나누어 살펴볼 수 있다. 이는 용산 서원의 연혁과 주도 집단의 변화 과정과도 일치한다고 하겠다.

먼저 경주 최씨인 최진립이 이조 지역에 입향하여 활동한 시기이다. 이 가문은 고려 시대에는 이족이었는데 고려 말에 사성공 최예 대에 사족으로 신분 상승했다. 원래에는 황오리(현재의 황오동)에 세거하다가 최득정(최진립의 증조부) 대에 현곡 구미동으로 이거했다. 그러다가 정무공 최진립 대에 이르러 거주지를 다시 이조 지역으로 옮겼다. 그 후 이들 가문은 최진립을 입향조로 하는 이조 최씨라고 불렸다.

최진립이 이조로 이거한 배경은 몇 가지로 정리할 수 있다. 곧 그의 아버지인 최신보가 이 지역에 따로 가옥을 가지고 있었던 점, 이들 가문이 이조의 천룡사에 속한 전답을 소유하고 있었던 점, 그리고 최진립의 외가가 이조였다는 점 등이 그것이다. 이 가운데 특히 외가를 따라서 거주지를 이동한 점은 조선 전기 사족들의 전형적인 사례에 속한다고 하겠다.

3

함께 일하고
일한 만큼 가져간다

300년 만석꾼 집안의
세 번째 비밀

  당시에 개간은 지방관의 치적을 평가하는 중요한 사항이었다. 인근의 들판을 면밀히 조사한 최동량은 이조리를 중심으로 형산강 상류에 물이 합쳐지는 두 개울가에는 개간의 여지가 있는 땅이 널려 있고, 관가에 이러한 계획을 알리면 농우나 농기구를 지원받을 수 있었기 때문에 힘만 모으면 땅을 넓히기에는 그리 어렵지 않아 보였다.

  실록에서는, 임란 직후부터 개간이 활발히 진행된 결과 1640년경에는 논밭의 개간이 임진왜란 이전과 거의 같은 수준으로 진행되었고 노는 땅이 거의 없어졌다고 기록하고 있다.

  최씨 가문은 충신 집안으로 널리 알려져 있었기에 최동량은 관의 협조를 얻기 수월했다. 동량은 물굽이를 잘 관찰하여 홍수가 날 때 물살이 굽어 칠 방향을 잡고 자연의 이치를 잘 살펴 긴 말뚝에 새끼를 묶어 줄을 치고, 인근 돌산에서 돌을 깨어 나르며 개천에 흩어진 큰돌을 들어

올려 짜 맞춰 강둑을 기초부터 단단히 쌓았다.

  관아와 연결하여 여러 가지 지원을 받아 소규모 제언 즉, 방죽을 막기도 하여 물을 빼고 물을 대는 데 유용한 하거를 만들어 수백 마지기의 논과 밭을 개간했다. 이러한 개간법은 일찍이 아버지 최진립 장군이 한가할 때 보던 책으로 중국 서적인 『제민요술』이나 『농상집요』를 비롯하여 세종대왕의 명에 의해 편찬된 『농사직설』 등의 서책을 통해 배우게 된 것이다.

  조선 초기에는 전국에 걸쳐 제언을 수축하거나 새로운 제언을 축조하는 수리 개발이 활발하여 예종 때 편찬된 『경상도속찬지리지』에 의하면 제언이 모두 769개에 달했다고 한다. 이러한 제언의 개발이 한계에 달하자 다음으로는 천방, 곧 보의 보급이 확산되었다. 제언은 산골짜기로부터 흘러나온 물을 모아 이용하는 것이고, 보는 하천수를 막고 끌어서 관개에 활용하는 것이다.

  또한 국가에서는 개간을 장려하는 정책을 썼다. 나라에서는 개간에 소요되는 종자나 농우, 농구 등을 다방면으로 지원했고, 개간은 지방관의 치적을 평가하는 중요한 사항이었다. 무엇보다도 큰 장려책은 주인 없이 묵고 있는 묵정밭을 개간하는 사람에게 그 밭의 소유권을 인정한 것이었다.

최동량은 이렇게 개간 작업을 추진하는 한편 노비나 마을 사람들에게 종래에는 드물게 적용하던 획기적인 제도인 병작제를 과감히 도입하여 노동력을 확보했다.

병작제란 병작반수제라고도 하는 것으로 농사를 짓는 작인에게 경작하게 하고 수확물의 절반을 지대로 받는 관행을 말한다. 이러한 제도는 과거의 작개제 즉, 양반 지배계층이 소유한 땅에 대해 농민과 노복에 대한 강력한 예속과 통제를 통해 잉여 생산물을 모두 철저히 수취하는 방법과는 하늘과 땅만큼의 차이가 있는 제도이다. 병작제를 통해 생산량의 반을 나누어 가지도록 한 방법은 농민들에게 생산 의욕을 북돋워 주는 당시로서는 선진적인 경작 방법이었다.

이헌창 교수의 『한국 경제 통사』를 보면 다음과 같은 내용이 있다.

조선 전기에 권세가에 의한 언전 개발이 활발했는데, 개간된 광대한 언전은 농장제나 병작제로 운영되었다. 임진왜란 이후 17세기에 대대적인 개간의 주체는 양반층이었다. 소가족의 노동력에 의거한 개간이나 경작은 '논 2석지기, 밭 2일경' 정도에 불과한 반면, 양반 관료나 지방 토호의 개간 규모는 엄청나서 '크면 100여 석지기, 작아도

50~60석지기의 땅'에 달했다. 사료에 간혹 등장하는 대지주, 가령 전라도 정읍과 무안에 120여 결을 보유했던 인조 때의 권신 김자점, 또는 경상도 밀양에 400여 석지기를 보유한 능성 부원군 구인호 등은 대규모 개간에 의해 토지를 집적했을 것으로 추정된다.

다산 정약용은 19세기 초 전라도에서 지주가 5퍼센트, 자작농이 25퍼센트, 작인이 70퍼센트라고 보았다.

병작 지주의 규모는 다양했다. 조선 후기에 영남의 최씨나 호남의 왕씨와 같은 만석꾼의 거대 지주는 수가 많지 않아서 도를 대표할 만했다. 천석꾼은 각 지방에서 많았다고 하며, 수백 석을 추수하는 중소 규모 지주는 곳곳에 광범하게 분포했다. 천석의 추수미를 거둬들이는 천석꾼은 40결 이상, 또는 100정보 정도를 소유해야 했다. 지주 경지의 상당 부분은 집 주변에 밀집했지만, 대부분은 넓은 지역에 산재되어 있었다.

개울둑을 막고 묵정밭이나 새 밭을 개간하기 위해 동원된 농민들 앞에서 최동량은 한 가지 약속을 했다. 바로 병작제를 실시한다는 것이었다.

작개법으로 할 때는 아무리 농사를 잘 지어도 먹을 양식만 남기고 땅 주인이 몽땅 가져갔다. 그런데 병작제는 수확을 절반으로 나누는 제도이기 때문에 일할 맛이 절로 났다. 전쟁을 피해 이리저리 떠돌던 인근의 유랑민들은 이조리 최씨 집의 소문을 듣고 나날이 모여들었다.

최동량을 비롯한 최씨 집안의 사람들은 모두들 부지런했다. 당시의 대지주들은 부재 지주로 주로 한양이나 큰 고을에 따로 살거나 그 지방에 살더라도 스스로는 경작하지 않고 가만히 앉아서 소작료만 받아 먹는 것이 상례인데, 최씨 가족들은 별이 지기 전 이른 새벽부터 모두 솔선해서 일터로 나갔기 때문에 노복들이나 소작인들은 말할 것도 없었다. 이렇게 힘들게 일을 해도 최씨 집안에서 일을 하는 사람들은 신명이 났다. 개간한 논밭을 소작하면 수확의 반을 가질 수 있다는 사실은 일하는 사람 모두에게 희망을 주었다.

또한 최씨 집에서는 일을 하면 배불리 점심을 먹을 수 있게 해 주었다.

당시 농촌에서는 일반적으로 하루에 두 끼만을 먹는 것이 상례였다. 농번기가 되어 한참 일을 많이 할 때만 점심 때 중참을 간단하게 먹었을 뿐이다. 그러나 최동량은 항상 다른 집과 달리 작인들에게 밥을 충분히 먹여 주었다.

우리나라에서 하루에 세끼 식사가 완전히 정착한 것은 19세기 후반이라고 기록되어 있다.

최동량이 하인을 부리는 기본적인 자세와 애정은 시집가는 딸에게 주는 다음과 같은 글에서도 잘 나타나 있다.

자식이 부모를 섬길 때 손수 밭을 갈고 밥을 짓고 반찬을 장만하고 나무를 베어 어버이가 주무시는 방에 불을 때고 바람과 비를 가리지 아니하고 어버이의 수고를 대신하면 만고에 효자라고 한다. 요사이는 그러한 자식이 있다는 말을 듣지 못하니 자식이 못하는 일을 일꾼이 하여 농사를 짓고 밥과 반찬을 장만하고 멀고 가까운 데 심부름을 해주니 아무리 나라의 신분 제도가 그러하지만 일꾼밖에 고귀한 것이 없느니라. 토지는 사람의 명맥이요, 노비는 양반의 수족과 같아 토지와 노비가 선비 집안의 양대 재산이니, 세상의 습속이 조그마한 일에도 꾸짖고 음식도 잘 아니 주고 의복도 잘 아니 입히고 크거나 작거나 죄과가 있으면 형벌과 매질을 지나치게 하여 죽을 지경에 이르게 해놓고서도 위엄 있고 행동 관습이 엄격하노라고 자랑을 한다. 허나 하늘은 그 소행을 괘씸하게 여겨 그러한 사람의 자손이 온전히 남지 못하고 일꾼이 떠나가 버리니 옛 사람이 말하기를 일꾼도 또한 사람의 아들딸이니 잘 대접하라는 말씀이 어찌 옳지 않으리오. 부디 어여삐 여기고 꾸짖지 말고 때릴 일이 있어도 꾸중하며 지나치게 말라. 사람의 재주는 모두 각각 다르니 그 사람이 못할 일은 아예 시키지 말고 이 일꾼에게 저 일꾼의 말을 하지 말고 똑같이 대접하여 차별하지 말고 일꾼이 온갖 말을 하거나 음란한 말을 하거든 아는 체하지 말고 오래된 뒤에 경계하여 꾸짖되 길게 꾸중하지 말고 자주 나무라지 말고 헛되이 칭찬하지 말고 수고하는 날이거든 음식을 생각하여 주고 어린 자식이라도 어여삐 여겨 주고 부모나 자식이나 동생이 있는 일꾼이 병이 들거든 죽 끓일 쌀을 주고 친척이 없는 일꾼이 병이 들거든 집에서 간호하여 주고 증세를 각별히 유의하여 물어 고쳐 주고 위엄 있게 은혜를 베풀면 일꾼이 자연 진실하게 되느니라. 그렇게 하여도 마침내 속이고 사나워서 부릴 수가 없거든 그대로 두고 시키지 말라.

하인들에게는 인심이 후한 최동량도 지독히 짠 구석이 있었다. 밭에서 일을 하다가도 대소변이 마려우면 꾹 참았다가 집에 와서 일을 보게 하여 한 방울의 오줌, 한 덩이의 똥도 허비하지 않고 비료로 썼다. 당시는 인분을 이용하여 비료를 만드는 방법이 널리 알려지지 않았을 때였다. 그런데 최동량은 일찍이 이러한 방법을 터득하여 남

다른 비료를 만들어 땅심을 돋우었던 것이다.

최씨 집안에서는 가노를 가족과 같이 사랑하는 마음을 바탕으로 하여 오늘날에는 지극히도 보편화된 농사 기술이지만 당시에는 놀라운 여러 가지 새 기술을 적용하여 남달리 생산량을 높였다. 땅을 개간하여 점점 넓어지고 많은 사람들이 모여 최씨의 땅을 병작제로 소작하는 사람이 늘자 어느새 그 집안은 최 부자라는 이름을 얻게 되었다. 청백리로 소문이 나고 말년에 죽어서는 장례를 치를 비용도 없었던 최씨 집안의 살림살이는 점차 일어나게 되었다.

일찍부터 아버지의 임지를 따라 다니면서 견문을 넓혔고, 아버지의 뜻을 가장 잘 이해한 최동량은 아버지의 뜻을 후손에게 전하기 위해 저명한 선비들을 두루 찾아다니며 선고의 행장과 실록 및 묘비문을 만들고 가거십훈(家居十訓)을 지어 자손들에게 물려주며 가문의 이념적 뼈대를 구축했다.

이것은 현대적 의미로 보면 가문의 경영 철학을 형성한 것이라 볼 수 있다. 이러한 굳건한 이념적 토대 위에 후손들이 가업을 이룰 수 있었다고 볼 수 있다.

통정대부 이조참판 안동 권상일이 지은 최동량의 묘갈

명에는 다음과 같이 쓰여 있다.

의병 모아 근왕할세 선친 염습 돌아와서
삼 년 시묘 애통하고 오지동 문 안 나왔네.
두 고을에 은덕 높고 청백지조 뜻 이으니
아! 송정공은 정무공의 훌륭하신 아들이로다.

300년 만석꾼 집안의 경영 철학, 가거십훈
―산업의 근본으로 가산을 일군다

최동량이 죽기 전해 겨울에 자손들을 훈계하기 위해 지었다는 가거십훈이라는 가훈이 있다. 최동량의 글을 모은 『송정 선생 유사』에 남아 있는 '가거십훈'이라는 말 그대로 집에서 지켜야 할 열 가지 훈계를 말한다. 이처럼 그는 구체적인 생활 지침을 제시함으로써 후손의 행동 방향을 제시했다.

첫째는, 이르되 인륜의 밝힘이다. 대저 오품(부자유친, 군신유의, 부부유별, 장유유서, 붕우유신의 오륜)은 하늘이 내려 준 법으로 천하 고금에 다 함께 따라야 할 공통된 도리이다. 그러한 까닭에 성인이 사람을 가르침에 반드시 이 다섯 가지를 먼저 하였으니, 이에 밝지 못하면 사람이 능히 사람답지 못하며, 가정이 능히 가정답지 못하게 되나니 가히 두렵지 않겠는가.

선친께서는 일찍이 『시경』의 시 "하늘이 모든 백성을 낳았으니, 일이 있으면 법칙이 있게 하였도다. 백성들이 타고난 천성을 지킴이다. 이 아름다운 덕을 좋아했네."를 읽으시고 항상 마음에 두시어 잊지 않으셨다.

둘째는, 이르되 어버이를 섬김에 효도로 해야 한다. 부자는 천성적으로 맺어진 친속이며, 이른바 효라는 것은 덕의 근본이요 행실의 근원으로 가르침이 그로 인하여 생겨나는 바이다.

그중 얕은 것을 말하면 겨울에는 따뜻하게, 여름에는 시원하게 해 드리며, 물 뿌리고 쓸며, 음식과 의복을 정성껏 봉양하며, 부모를 위하여 부지런히 복행 근로하는 것이다. 그중 지극한 것을 말하면 안색을 보아 가며 즐겁게 해 드리고 뜻에 순종하여 신명에 통하는 것이다.

비록 위대한 순임금과 증삼(공자의 제자로 공자의 도를 이어받아 전한 공자 다음의 성인으로 효성이 지극했다.)의 효성이라도 모두 자식된 직분에 마땅히 해야 할 바로 분수밖의 어떤 기이하거나 특별한 일이 아니었다.

　이런 까닭에 요옹(송나라 진충숙공)이 말하기를 "천하에 옳지 않은 부모가 없으니 부모가 비록 자애롭지 못하더라도 자식은 효도하지 않으면 안 된다."고 하였다.

　그래서 선친께서 매양 자제들에게 말씀하시기를 "사람의 자식된 자는 마땅히 그 해야 할 직분의 있는 바를 알아야 한다."고 하셨다.

　셋째는, 이르되 임금을 사랑함에 충성으로 해야 한다. 임금과 신하의 큰 윤리는 하늘의 법도요, 땅의 의리이다. 함께 나서 함께 살아가는 자이다. 남의 신하가 된 자는 반드시 순임금이 요임금을 섬긴 바로써 임금을 섬겨야 바야흐로 신하의 도리를 다하게 된다.

　이런 까닭에 옛사람이 말하기를 "임금을 사랑하기를 아버지를 사랑하듯하라."고 하였으니 아름답다. 그 말이여!

　선친께서 일찍이 사람들에게 말씀하시기를 "임금을 섬김에 충성을 다하고 어려움에 임하여 절의를 다해야만 하고 마침내 절의를 위하여 목숨을 바쳐 인(仁)을 이루게 된다."고 하셨다.

　넷째는, 이르되 가정을 잘 다스려야 한다. 부부는 두 성씨의 결합이니, 남자는 밖에서 위치를 바르게 가지고, 여자는 안에서 위치를 바르게 가져서 밖의 말이 안방에 들어가지 아니하고 안의 말이 바깥에 나오지 아니해야만 남녀 구별이 엄하지 않겠는가.

남편은 그 몸가짐을 조심하여 그 아내를 거느리고, 아내는 그 몸가짐을 조심하여 그 남편을 받들어서, 화락하고 또한 즐겁게 부모의 뜻에 순종하면 가도(家道)가 바르게 된다.

시경에 이르되 "나의 아내에게 본이 되어 형제에게 이르러 집과 나라를 다스렸다."고 하였으며, 자사(공자의 손자)가 이르되 "군자의 도는 그 단서가 부부에게서 시작하니, 진실로 혹시 남편이 능히 그 도리를 다하지 못하고 아내가 그 예의를 다하지 못하면 기강이 문란해지고 가도가 꼬이게 된다."고 하였다.

선친께서 일찍이 소학을 읽으시다가 기극의 부부가 공경하여 서로 대하기를 손님(賓)을 대하듯이 하였다고 한 데에 이르러 세 번을 반복하며 감탄하지 않을 수 없었다고 하셨다.

다섯째, 이르되 형제 간에는 우애가 있어야 한다. 형제라는 것은 형체를 나누고 기운을 연한 사람이라. 형은 아우에게 우애하고 아우는 형을 공경하여 노여움을 품고 서로 다투어서 천륜을 괴멸시키지 말아야 한다. 더구나 어른을 공경하는 도리가 나의 형에서부터 시작되며, 어린이를 사랑하는 은혜가 나의 아우로부터 시작되느니, 집에 있어서나 향리에 있을 적에 어른은 어린이를 사랑하고 어린이는 어른을 공경하여, 어린이를 멸시하고 어른을 능멸하는 폐단이 없어야만 사람의 도리가 바로 선다.

선친께서 우애가 지극하시어 형을 엄하신 아버지처럼 공경하셨고, 아우에게 우애하시어 마치 어린아이처럼 대하셨다.

여섯째, 이르되 붕우 간에는 신의가 있어야 한다. 붕우는 그 덕을 벗하며 그 인(仁)을 돕는 것이다. 그래서 천자로부터 서민에 이르기까지 벗에 의뢰하지 아니하고 덕을 이루는 자가 없다.

이러한 까닭으로 벗은 반드시 단정한 사람으로 하되 반드시 나보다 나은 사람을 가려서 간절하고 자세하게 충고하며 착한 길로 인도하되 듣지 않으면 그만 두어야 한다.

진실로 혹시 비루(마음이 고상하지 못하고 더러움)하고 패려(성질이 순직하지 못하고 비꼬임)하며 친압(버릇 없이 너무 지나치게 친함)하고 희롱하여 스스로 막역한 사이라고 말하다가, 이해관계에 있어서는 문득 원수로 되는 자가 왕왕 있으니 가히 경계하지 않겠는가.

선친께서 일찍이 사람들과 사귀시되 오래도록 공경하여 종신까지 변하지 않으셨다.

일곱째, 이르되 여색을 멀리 해야 한다. 옛 사람이 이르기를 "예쁘고 고운 칼(예쁜 여성을 비유한 말)이 세상 사람들을 다 죽인다."고 하였으니, 그 말이 진실하다.

임금이 여색을 좋아하면 그 나라가 망하고, 대부가 여색을 좋아하면 그 집이 망하고, 선비와 서인이 여색을 좋아하면 그 몸을 망치게 된다. 그렇다면 사람의 집에 화근이 이보다 더 심한 것이 없다.

옛날 호담암의 그 기절이 늠름함이 추상과 같았으나, 오히려 여와(기생의 이름)에게는 연연한 마음을 떨칠 수 없었으니, 하물며 그보다 아랫사람은 어떠하겠는가.

선친께서 경원에서 돌아오시던 중 눈에 막혀 경성에서 몇 달을 유할 때 친구 되시는 이무백(이석담) 공이 이름난 기생을 단장시켜 곁에서 모시도록 하였으나 끝내 돌아보지 않으시니, 이공이 탄복하여 이르기를 "뱃심이 강한 악무목이라도 이에 더할 수 없다."고 하였으니, 선친의 여색에 대한 엄격하심이 이와 같으셨다.

여덟째, 이르되 술에 취함을 경계해야 한다. 술이라는 것은 예를 하고 성품을 기르며 환락하는 것이다. 그러나 지나치면 환난이 되니 삼가지 아니하면 안 된다.

이런 까닭으로 손과 주인이 백 번을 절하며 종일 술을 마셔도 취하지 않았으니, 선왕들이 술로 인한 화를 피한 것이었다. 혹시 욕심대로 방탕하게 마셔서 나라를 망치고 몸을 죽이기에 이르렀으니, 술로 인한 화가 매우 심하였다.

그러므로 성인이 수작(주객이 서로 응대하면서 술을 찬하는 것)으로 절제하고, 훈고(옛날의 글을 해석하는 것)로 깨우쳐서, 사람들로 하여금 난잡한 데 이르지 않도록 하였다.

선친께서 일찍이 이르시기를 "술은 사람을 미치게 하는 약이다. 술은 기쁜 것이나 기쁘도록 마셔서는 안 된다."고 하면서, 손이 오면 일찍이 술을 내놓지 않을 때가 없었으나 혹은 두 순배 혹은 세 순배로 그쳤으며, 안주는 포와 식혜, 나물국에 불과하였으니 술을 경계하는 데 엄격하심이 이와 같았다.

아홉째, 농업과 잠업에 힘쓰는 것이니, 이는 천하의 근본이다. 그래서 맹자가 말하기를 "오묘의 집 가에 뽕나무를 심으면 70세의 노인이 명주옷을 입을 수 있고, 백 묘의

밭에 농사 때를 잃지 않으면 여덟 식구의 가정이 주리지 않는다."고 하였다. 그러므로 농업을 밝게 하고 잠업을 다스리는 것은 가정의 가장 급한 일이다.

이러한 까닭에 선친께서 관직에 있을 때나 집에 있을 때 농업과 잠업의 권장을 앞세우셨다.

열째는, 이르되 경학(경서를 연구하는 학문)을 익히는 것이니, 경서라는 것은 옛 성현들의 마음 다스리는 법을 밝혀 전해지는 서책이다. 아! 사람의 성품이 모두 착하였으나 깨달음이 선후가 있으니, 배우고 때때로 익히면 착한 것이 밝혀져 그 처음의 본성을 회복하게 된다.

그래서 주자가 "덕행은 근본이고 문예는 끝이다."라고 하였으니, 그 근본과 끝을 추구하여 먼저하고 뒤에 할 바를 알면 가히 덕에 들어갈 수 있다. 그러나 힘써 행하기만 하고 글을 배우지 아니하면 성현이 이루어 놓은 법을 상고하고 사리의 당연한 것을 알 수 없어 그 행하는 바가 혹시 사사로운 뜻에서 나와 다만 야할 뿐만 아니다.

그러므로 선친께서는 자제를 가르치실 때 반드시 소학을 먼저 가르친 뒤에 경서와 사기를 가르치셨다.

이 가거십훈은 당시의 일반적인 유가(儒家)의 풍습에 따른 것으로 최 부잣집만의 독특한 가훈으로 보기는 어렵다. 그러나 아홉 번째 가훈인 농업과 잠업을 경학을 익히는 것보다 앞세워 강조한 부분은 눈에 띄는 내용이라 할 수 있다.

농업과 잠업은 당시 산업의 근본이었으므로 농업과 잠업의 권장을 앞세웠고, 최 부잣집은 주로 농업과 잠업으로 가산을 일구었다고 추정해 볼 수 있다.

당시의 사회적 상황을 고려할 때 경학이 매우 중요하게 인식되던 때 경학보다 농잠업을 더 앞에 내세운 것으로 미루어 실업(實業)을 중시하는 가풍을 짐작하게 한다.

그리고 일곱 번째의 '여색을 멀리 하라.'는 것이나 여덟 번째의 '술에 취하지 말라.'는 교훈은 부자들이 흔히 저지르기 쉬운 오류를 구체적으로 경계한 것이라 할 수 있다.

어느 날 느닷없이 그야말로 졸지에 부자가 된 사람을 우리는 졸부라 부른다. 이제까지 너무나 가난하다가 갑자기 부자가 된 사람은 그동안 누리지 못했던 재물의 힘을 한꺼번에 누리고 싶어 한다. 건전한 가치관과 성실한 고생 끝에 이룬 부가 아니기 때문에 그 씀씀이에 절제가 있을 수 없다. 이런 졸부들이 걸어가는 정해진 코스는 바로 위와 같은 사치, 술, 방탕, 허영, 도박, 여자 등이다. 아무리 써도 결코 바닥나지 않을 것만 같던 재물도 이러한 낭비에는 견딜 재간이 없이 순식간에 무너져 버린다.

사치와 술과 여자는 한 나라의 왕조도 멸망시킨다. 중국 하나라 걸왕의 다음과 같은 이야기는 아주 유명하다.

하의 걸왕은 자신이 멸망시킨 나라에서 공물로 바친 말희라는 여자에게 마음을 빼앗겼다. 그는 말희를 위하여 보석과 상아로 꾸민 호화스러운 궁전을 짓고, 그녀가 바라는 대로 온 나라에서 3,000명의 미소녀를 모아 오색 옷을 입혀 춤추고 노래 부르도록 하고, 옥으로 꾸민 침대에서 밤마다 열락에 빠졌다. 또 말희의 제안에 따라 궁궐 한 모퉁이에 큰 연못을 파고 그 바닥에는 흰 옥돌을 깔고 연못에는 향기로운 술을 부었으며, 연못 둘레에는 고기의 산이 쌓아지고 고기포의 숲을 만들었다. 왕은 말희와 함께 작은 배를 타고 숲의 연못을 다니며 미소녀의 가무에 맞춰 술을 마시고 육포를 뜯으며 향락에 빠졌다.

이것이 바로 『십팔사략』에 나오는 '주지육림(酒池肉林)'의 고사다.

이러한 사치는 결국 국고를 바닥나게 했고 민심이 이탈

하여 왕조를 멸망시켰다. 왕조도 이럴진대 한 개인이나 기업의 경우는 말할 것도 없다.

　실제로 최 부잣집에서는 10대에 걸쳐 여자 문제나 술 문제 때문에 어려움을 당한 일은 거의 없었다. 이것이 부를 지킨 또 하나의 중요한 요인 중 하나이다.

제2부
원칙을 지키는 경영으로 300년 재산을 일구다

　최동량의 뒤를 이어 최씨 가문을 명실공히 부자의 반열에 올려놓은 사람은 바로 최동량의 아들인 최국선이다. 흔히들 최 부자라고 부르는 10대 만석꾼의 출발은 바로 최국선으로부터 시작한다고 볼 수 있다. 최국선은 최동량의 맏아들로 인조 신미년(1631)에 태어났다.

　최동량에게는 맏아들 국선과 함께 국침, 국원, 국규 등 네 형제와 두 딸이 있었는데 그중에서도 장남인 국선이 유독 출중했다. 같은 아버지의 아들로 태어났음에도 이렇듯 형제 간이 고르지 못한 것이 또한 인간사의 오묘한 이치라 할 수 있다.

4

군림하지 않고 경영하는
중간 관리자를 세운다

300년 만석꾼 집안의
네 번째 비밀

 임진과 정유 두 번의 왜란과 병자호란에 걸친 세 번의 큰 전란에서 혁혁한 공을 세운 최진립의 아들인 최동량은 아버지의 뜻을 이어 최씨 가문이 부자로 나아가는 기틀을 마련했다. 그는 무엇보다도 아버지의 유훈을 잘 받들고 가업을 이루는 정신적 기초를 다지는 데 크게 기여했다.

 이러한 토대 위에서 최동량의 아들 최국선은 본격적으로 재산을 일구기 시작했다. 무엇보다도 최국선은 노동력이 되는 노비와 소작인들을 모으는 능력을 가졌다. 많은 유랑인들이 유독 최씨 집으로 몰려든 이유가 있었던 것이다. 다른 권문세가의 대지주들은 대체로 한양이나 큰 읍에 따로 살면서 농사의 관리는 주로 마름에게 맡겨 두었다. 주인을 대신한 이 마름의 횡포는 참으로 견디기 어렵도록 무서운 것이었다.

 그런데 최 부잣집에서는 처음부터 끝까지 일체 마름을 두지 않았다. 이것이 최 부자의 재산이 10대에 이르도록 지켜진 또 하나의 중요한 비결이라 할 수 있다.

옛날부터 우리나라에서 이 마름의 횡포는 이루 말할 수 없었다. 마름이란 멀리 떨어진 대지주를 대신하여 토지를 관리하는 사람을 말하는데 보통 몇 개의 면을 한 구역으로 하여 한 사람의 마름을 선정하는 것이 보통이었다.

마름이란 원래는 곡물의 양을 재는 두량(斗量) 즉 '말질'을 하는 것이 본분이었는데, 나중에는 소작인들을 선정하고 감독하며 소작료를 징수하거나 지세 공과금 처리 및 토지 개량까지를 모두 맡겨 전권을 휘두르게 되어 그들의 횡포는 끝이 없었다.

조선 말기에 관에서는 각 역마다 역둔토를 주었으며, 도조 징수권을 마름에게 위임하고 1섬에 대해 1말 정도의 두량임 즉, 마름의 관리 수고료를 징수하도록 하였는데 실제로는 그보다도 훨씬 많은 두량임을 착복하였던 것이다.

대지주들도 마찬가지로 그 많은 토지를 다 관리할 수 없기 때문에 토지가 있는 지역에 사는 일가 친척이거나 어느 정도의 재산과 신용이 있는 사람을 마름으로 임명했다. 마름은 보통 1개 면 정도의 면적을 관리하고 있었는데 그들은 소작인 위에 군림하여 지배자로 행세했다.

그러나 마름에 대해 불만이 있어도 쉽게 일러바치거나 터뜨릴 수 없었다. 마름은 지주와 집사에게는 온갖 방법으로 신임을 사 놓았기 때문에 오히려 마름을 무고한다고 당하기 일쑤이고, 마름이 심통을 부리면 소작인에게 엄청난 피해가 생기기 때문에 함부로 떠들 수도 없었던 것이다.

그도 그럴 것이 지주는 마름에게 실로 엄청난 권한을 위임해 주었다. 지주는 마름에게 소작하는 땅과 소작인을 감독하도록 했는데, 소작인을 선정하고 소작 계약을 맺고 소작료를 징수하는 일이나 토지에 따른 세금과 공과금을 처리하는 것과 토지를 개량하는 업무 등의 모든 권한을 부여했다.

지주는 추수 때 소작료만 챙기면 되도록 해 놓았다. 그러므로 마름은 언제든지 소작인이나 소작지를 바꾸어 버린다든가 소작 계약을 파기해 버릴 수 있어서 소작인은 마름에게 고양이 앞의 쥐와 다를 바 없었다. 이러한 권한과 함께 지주는 마름에게 열 마지기 정도의 토지를 소작료 없이 경작하도록 주었으며, 두량임으로 벼 한 석에 닷 되씩을 받는 것이 보통이었다.

마름의 거들먹거리는 모습은 차마 눈을 뜨고 보기 어려울 정도였다. 나이 고하간에 자신이 관리하는 소작인이면 무조건 반말에 하대를 하고, 부녀자들에게 농 짓거리를 하는 것이 예사였지만 이에 대해 충고나 반발이라도 한다면 추수철 말질할 때나 재계약을 맺을 때 노골적으로 앙

갚음을 했다.

당시에 소작료를 책정하고 징수하는 방법에는 몇 가지가 있었다. 가장 흔한 방법이 '수(穗) 보기'란 것으로 집조법 또는 집수법이라고도 했다. 추수 직전에 지주 또는 마름이 농작물의 이삭을 감정하여 수확고를 예상하고 소작료를 책정하는 방법이다. 이 방법은 작황에 따라 소작료를 책정하는 방법으로 풍작일 때는 더 많이, 흉작일 때는 더 적게 책정하여 얼른 보면 매우 공정한 방법인 것처럼 보인다. 그러나 수 보기에서 잘 익은 벼 이삭을 하나 잡고 벼 알을 세면 얼마든지 풍작으로 가정할 수 있다. 심지어는 벼 이삭을 만져 보지도 않고 풍작으로 결정지어 버린다고 해도 따지고 대꾸할 수가 없었다.

다음으로 흔한 방법이 '도지법'이다. 도조법 또는 정조법이라고도 하는 이 방법은 사전에 계약한 대로 흉년이나 풍년에 관계없이 일정하게 소작료를 내는 방법이다. 주로 밭농사에서 많이 적용했지만 마름의 마음먹기에 따라 선택할 수도 있었다. 도지법은 소작인들에게 열심히 농사를 지을 의욕을 불어넣어 주었기 때문에 좋아하는 제도이다. 책정된 소작료 이상으로 생산하면 나머지는 저축할 수 있기 때문이다. 흉년이 들면 소작료를 맞추기가 다소 어렵지만 풍년이 들 때 약간씩 비축해 두면 되었고 적어도 매

번 거치는 마름의 농간은 피할 수 있었다.

마지막으로 '대갈림법'도 있다. 타조법이라고도 부르며 지주가 종자와 비료 등의 경비를 부담하고 수확장에서 같이 입회하여 수확량을 결정하고 반반씩 나누는 방법이다. 이 방법은 소작인들의 입장에서 보면 가장 공평한 방법이다. 그러나 소지주에게는 가능한 일이지만 최 부자 같은 대지주에게는 현실적으로 불가능한 일이었다.

그러므로 마음에 드는 소작인에게는 도지논을 주어 풍년이건 흉년이건 일정한 소작료만 거두고, 밉상스러운 소작인에게는 수 보기로 해 버리면 꼼짝없이 당하게 마련이다. 거기에다 꼭 손볼 사람이면 문전옥답과 천수답을 바꾸어 버리거나 경작권을 빼앗아 버릴 수도 있으니 얼마나 무서운가.

보통은 병작반수라 하여 생산량의 반을 소작료로 냈지만 마름이 교묘하게 수탈해 가는 것을 고려하면 소작인들은 생산량의 4할 정도도 채 못 가져가는 것이 상례였다.

마름은 또한 소작료를 받는 과정에서 말질을 하면서 소작인을 괴롭혔다. 소작료를 징수할 때 쓰는 말[斗]은 두 가지가 있다. 하나는 사각 말이고 또 하나는 원통 말이다. 사각으로 된 말을 쓸 것인가 원통형 말을 쓸 것인가에 따라 그 양은 엄청나게 차이가 난다. 사각 말을 쓸 때는 모서리에 벼가 덜 찬다고 해서 고두봉으로 말 경계보다 위로 수북히 올라오게 말질을 했으니 한 말에 반 되 이상은 더 들어가게 마련인 것이다.

더구나 흉년이 드는 해에는 또 한 번 횡포를 부릴 기회가 생긴다.

마름의 곡식 창고에는 평년에 소작인들로부터 긁어 모아 둔 곡식이 그득했다. 소작인들은 상을 당하거나 혼사를 치르는 등의 큰일을 당해 돈이 궁하면 마름에게 금품을 대여받아 연 10할의 이자가 붙는 '곱 장리'를 쓰게 마련이었다.

장리란 봄에 돈이나 곡식을 꾸어 주었다가 가을에 받을 때 본전의 절반(5할)을 이자로 무는 것을 말한다. 그러므로 곱 장리란 보통 장리의 두 배 즉, 본전만큼의 이자를 무는 것이다.

특히 마름은 소작인들의 목줄을 잡고 있었으므로 모든 것을 포기하고 야반도주하지 않는 이상 이자를 결코 떼어먹을 수가 없었다. 흉년이 겹칠 때는 이자가 눈덩이처럼 커져 원금보다 이자가 더 커지는 경우가 많았다.

오늘날에도 소유자의 뜻과는 관계없이 경영을 위임받은 최고 경영자나 중간 관리자들이 종업원에게 횡포를 부리는 경우가 종종 있다. 이러한 조직에서는 능률이 오르지 않을 뿐 아니라 극심한 노사 간의 대립을 유발할 수 있다.

이에 반해 최씨 집안에서는 소작인을 후하게 대접하고 가족처럼 여기며 각종 부역을 피할 수 있게 했다.

최씨 집안으로 유랑인들이 계속 모여들면서 농장은 더욱 확대될 수 있었다. 최씨 집안은 전란으로 흩어진 유민들을 모아 그 힘으로 개천에 천방을 쌓아 범람 지역을 옥토로 만드는 한편 산비탈을 개간하여 많은 농토를 새로 만들었다. 그리고 그들로 하여금 이 농토를 병작하게 하여 생산성을 높였고 자립할 수 있게 했다.

살림이 조금씩 일자 최씨 집안은 먼저 우람한 황소 두 마리를 샀다. 당시에는 소가 너무나 귀해서 한 고을에 걸쳐 네댓 마리가 있을 뿐이었다. 농번기가 되면 이 소를 빌리려고 줄을 서 있으니 당연히 그 삯이 매우 비쌌다. 그만큼 소는 엄청난 일을 해낼 수 있었던 것이다. 그래서 최씨 집에서는 제일 먼저 농우 두 마리를 사서 써레와 쟁기로 농사를 해냈다. 그리고 가을에 풀을 베어 모아 두었다가 분뇨를 부어 좋은 거름을 만들어 땅에 뿌려 땅심을 돋우어 생산을 증대시킨 것이다. 지금으로 보면 유치하기 짝이 없고 지극히 당연한 일이었으나 당시로 보면 획기적인 선진 농사 기법이라 할 수 있었다.

5. 양입위출, 들어올 것을 헤아려 나갈 것을 정한다

300년 만석꾼 집안의
다섯 번째 비밀

　최국선은 아버지 최동량이 죽은 후에 편모를 모시면서 가업인 농사일에 혼심을 기울였다. 아버지가 일구어 놓은 많은 농토와 노비들을 관리하면서 할아버지의 높은 뜻을 받들었다. 벼슬에는 관심이 없었고 어떻게 하면 더 많은 농작 수확을 얻을 것인가를 연구했다. 아버지가 읽던 여러 가지의 농사 서적 특히 신숙이 지은 『농가집성』 등을 탐독하는 한편 다른 지방에서의 농사 기법도 탐색했다.

　그때 그가 찾은 방법이 바로 벼의 이앙법 도입이다. 우리나라에서 벼농사를 시작한 것은 삼한 시대라고 알려져 있는데, 그 재배법은 경상도 남쪽 일부를 제외하고는 17세기 초까지 모두 논에 직접 볍씨를 뿌리는 직파법으로 이루어지고 있었다. 이앙법은 한발이 심해지면 실패하기 때문에 나라에서 금하고 있었다. 직파법은 볍씨를 바로 논에 뿌려 경작하기 때문에 김매기 작업에 엄청난 어려움이 있어서 넓은 논에 다작을 할 수가 없었다. 한 집에서 많으면 6~7석밖에 경작할 수 없고 더 많은 땅을 갖고 있어도 땅이 넓어 이를 관리하지 못하기 때문에 결국 황폐해지고 마는 것이었다. 그런데 직파법 대신 이앙법을 도입하면 볍씨를 모판에 뿌려 기르다가 일시에 논에 모내기를 하기 때문에 김매기에 필요한 노동력을 거의 10분의 1로 절감할 수 있었다. 그러나 이러한 이앙법은 수리 시설이 잘된 곳에서만 가능했다.

최씨 집안은 이미 최동량 대에서 가뭄과 홍수를 어느 정도 이길 수 있는 방죽을 만드는 등의 많은 수리 시설을 해 놓았기에 과감히 도입했다. 이앙법의 도입은 당시로서는 거의 혁명적이었다.

이앙법이 보급되면서 이전에 김매기 작업에 투입되던 노비들의 노동력으로 넓은 논밭을 경작하는 광작이 가능해지게 되었다. 이앙법을 도입하지 않은 상태에서 광작을 하면 김매기를 할 수 없어서 결국 땅이 더욱 척박해지고 마는 것이다.

최국선은 또 이재(理財)의 기본 원리를 잘 알고 있었다.

어느 날 최국선은 세 아들에게 말했다.

예로부터 이재의 원리는 들어올 것(歲入)을 헤아려 나갈 것(歲出)을 정하는 것 즉, 양입위출(量入爲出)이 기본이다. 무릇 재물이란 한도가 있고 쓰기는 끝이 없으니 미리 들어올 것을 알아서 거기에 맞춰 쓰지 않으면 나중에는 견디지 못하고 자녀의 교육도 혼인도 시키지 못하여 가난한 사람이 되는 이가 많으니 두려운 일이다. 만승천자(1만 대의 수레를 출동시킬 수 있는 천자)라도 재물을 절약하지 아니하면 그 나라가 망하거늘 하물며 일반 사람의 집이야 절약하지 않으면 어디서 재물이 생기겠느냐. 풍년이나 흉년이나 가을에 거두어들일 곡식의 수량을 헤아리고 제사가 몇 차례인가 헤아리며 식구의 수를 헤아려 쓸 것이니 제사는 정성으로 하되 장만하기를 지나치게 하지 말고 부질없이 헛되이 소비하지 말며 의복과 음식을 너무 사치스럽게 하지 말되 마땅히 쓸 데는 아끼지 말라. 까닭 없는 일에는 터럭 끝만큼도 허비하지 말고 의복과 음식을 보아 가며 하고 헛된 낭비를 하지 않으면 모자라지 않게 쓸 것이다. 항상 여유를 두어 질병에 약값을 하거나 초상에 부조를 하거나 빚을 갚거나 곤란함이 없게 하고 쓸 일이 없거든 자손을 위하여 논밭을 장만함이 또한 옳은지라. 가정을 일으키는 방법은 절약하여 쓰는 것밖에 없느니라.

'들어올 것을 헤아려 나갈 것을 정함'은 오늘날의 예산 설정의 기본 정신이라 할 수 있으며, 현대 경영의 요체가 계획, 실천, 평가라고 볼 때 이와 부합하는 탁월한 식견이라 할 수 있다. 이러한 최국선의 말에는 또한 철저한 절약 정신을 엿볼 수 있다. 최 부자의 선조들이 자손들에게 남긴 교훈은 모두 행동에까지 이를 수 있는 구체적인 목표를 제시함으로써 교훈이 범하기 쉬운 막연한 포괄성을 피하고 있다는 점이 주목해 볼 만하다.

최국선의 탁월한 이재술은 큰 부를 일구어 냈다. 몸에 밴 근검 절약 정신과 노비들을 가족처럼 아끼고, 들어올 것을 헤아려 나갈 것을 정하는 철저한 양입위출의 정신과 언제나 새로운 농사법을 생각하는 정신이 바로 그것이었다.

최국선이 사들인 노비와 전답을 확인하는 문서에서 보면 노비를 수십 명 사들이고, 50여 필지의 전답을 매입한 것을 볼 수 있다. 그리고 새로 사들인 그 논밭의 소재지는 이조리뿐 아니라 멀리 울산, 영천, 경주의 북부 지역인 부북, 서부 지역인 부서에까지 확대되는 것을 볼 수 있다. 이처럼 최 부자의 땅은 이제 이조리를 넘어 멀리 외방 전답까지 가지게 되었고, 병작반수를 통해 전답 매입은 확대되어 갔다.

6. 사회적 책임을 저버리지 않고 받은 만큼 사회에 환원한다

300년 만석꾼 집안의 여섯 번째 비밀

최 부잣집을 명실공히 만석꾼으로 일으켜 세운 최국선은 검소와 절약을 특히 강조했으나 그 절약이 인색으로 굳어지지 않도록 애썼다.

현종 신해년(1671) 최국선의 나이 마흔한 살 때 삼남에 큰 흉년이 들어 굶어 죽는 사람이 허다했다. 그때 최국선은 과감히 곳간을 헐었다.

> 모든 사람들이 장차 굶어 죽을 형편인데 나 혼자 재물을 가지고 있어 무엇하겠느냐. 곳간을 열어 모든 굶는 이들에게 죽을 끓여 먹이도록 하라. 그리고 헐벗은 이에게는 옷을 지어 입혀 주도록 하라.

이렇게 말하고 집 앞의 큰 바깥 마당에 큰 솥을 걸고 굶주린 사람을 위해 연일 죽을 끓이도록 했다. 지금도 죽을 쑤어 나누어 주던 그 자리가 활인당이라는 이름으로 남아 있다.

"사방 백 리 안에 굶어 죽는 사람이 없게 하라."

이 가훈은 바로 그때 생긴 것이다.

조선 시대 성종 원년과 2년에 극심한 흉년이 들었을 때 경상도에만 굶어 죽은 사람이 7,100여 명과 7,400여 명에 달했다고 한다. 이렇게 당시에는 농업 기술이 빈약하여 기후 조건에 따라 흉년이 드는 해가 많았으며, 흉년에는 수많은 사람들이 굶어 죽었다.

3, 4년 정도에 한 번씩 찾아오는 흉년은 가난한 백성을 고통 속으로 몰아넣었다. 평년작의 절반에도 못 미치는 생산으로 두 집 건너 한 집은 굶는 형편이었다. 그때마다 최 부잣집에서는 소작료를 대폭 탕감했다. 보통 소출의 반을 소작료로 내는 것이 상례였지만 최 부잣집은 병작반수를 할 경우 만 석 이상의 소작료를 받을 땅을 가지고 있었으므로 생산의 3할 남짓만 소작료로 내면 충분했다. 그것만으로도 여느 소작인들보다 큰 특혜였다. 흉년이 극심할 때는 소작인들이 7할 정도를 먹는다 해도 그해 양식이 모자랄 형편이었다. 이러한 사실을 파악한 최 부잣집에서는 소작료를 다시 낮추어 주었다. 최 부잣집의 소작인들은 이러한 조처에 또다시 감복했다.

춘궁기 또는 맥령기(보릿고개)라고도 부르는 3, 4월에는 한 달에 100석의 쌀을 나누어 주었으니 약 만 명 정도가 최 부잣집에서 쌀을 얻어 갔다는 계산이 나온다. 최 부잣집의 큰 창고는 약 800석이 들어가는 것으로 지금도 남아 있는데 그 창고가 거의 바닥이 나다시피 했다.

1900년대 초 경상북도의 인구가 약 17만여 호였으니 한 가정을 6명으로 치면 100만 명쯤 되었다. 도 전체 인구의 1할 정도는 최 부잣집의 혜택을 받은 셈이다. 자료에 의하면 1926년에서 1931년의 5년 동안 우리나라의 걸식자는 적게는 만 명, 많으면 16만 명에 이르고, 춘궁기에 초근목피로 연명하는 궁민이 29만 명에서 104만이고, 극빈 영세민이 186만 명에서 420만 명에 달했다고 한다.

경주를 중심으로 사방 백 리라 함은 동으로는 감포, 동북으로는 포항, 서북으로는 영천, 남으로는 밀양에 이르는 넓은 지역이라 할 수 있다.

여기서 하필이면 '백 리'라고 한 것은 사람이 도보로 하루에 걸을 수 있는 최대 거리가 대충 200리 정도라고 볼 때 새벽에 나서서 왔다가 저녁 무렵 돌아가자면 100리 정도 떨어진 거리라고 볼 수 있고, 또 하나의 이유는 최 부

지금도 경주 교리에 남아 있는 최 부잣집의
800석이 들어간다는 큰 창고.

자의 논밭이 멀리는 백 리 가까이 떨어져 있는 곳도 있었기 때문이라고 할 수 있다.

우리나라의 전통적인 공동체는 크게 두 가지로 나누어 볼 수 있는데 그 하나는 가족과 친족을 중심으로 한 혈연 공동체이고, 다른 하나는 마을이나 고을을 중심으로 한 지역 공동체라고 할 수 있다.

갑오경장 이전의 행정적 지역 구조는 가장 기초적인 최하 단위로 마을 또는 부락인 동리(洞里)가 있었다. 동리는

20호에서 많으면 100호 정도가 모인 것이다. 다음으로 동리가 10~20여 개 모여서 하나의 면(面), 방(坊), 사(社)를 이루었고, 10여 개의 면 등이 결합되어 군현(郡縣)을 이루었다.

주로 농업을 하던 전통 사회에서 마을은 단순한 행정 단위가 아니라 사회적 통일체로, 공동체적 단위로, 자치체의 성격을 가지고 있었다. 이들은 한 우물, 같은 다리(교량)를 쓰면서 계나 품앗이와 두레 등을 조직하여 공동체 생활을 할 수밖에 없었다. 그러기에 마을 사람들은 서로 친밀하여 가족처럼 생각했고 길흉사에 협력하고 상호 부조하는 관행을 낳았다.

이러한 공동체적 성격 때문에 '마을'은 고향이 되고, 결혼한 부녀자나 그 집을 가리킬 때도 출신 마을 이름으로 택호(宅號)를 부르기도 한 것이다. 그래서 이러한 공동체적 의식 때문에 같은 동리, 같은 면, 같은 군의 사람이면 동향 의식이 발동되어 가족처럼 느껴지는 지연의 감정을 만들게 되는 것이었다.

경주 최 부자가 사방 백 리 안의 사람들을 동향인으로 보고 빈민 구제를 한 것도 이런 의식의 결과라고 볼 수 있다.

이와 같은 최 부잣집의 이웃 사랑 정신은 오늘날의 의미로 보면 기업의 사회적 책임 특히 지역 사회에 대한 책임에 해당한다고 볼 수 있다. 자본주의 사회에서는 '부익부 빈익빈'의 현상이 두드러지는데, 이때 기업이 그 이익을 사회에 되돌려 주지 않으면 결국 그 기업은 사회에서 오랫 동안 존재하기 어려운 것이다.

 최 부잣집의 가주, 교동 법주

이듬해인 임자년(1672)에 경상 감사가 최국선의 덕행을 조정에 품신하여 사옹원 참봉에 제수했다. 사옹원이라 함은 궁중의 그릇과 식사를 담당하는 곳으로 참봉은 종9품의 미관말직이다. 임금의 명이라 하는 수 없이 잠시 동안 관직을 열심히 수행했으나 할아버지의 뜻을 받들어 노부모의 봉양을 핑계로 대고 벼슬을 사퇴하고 돌아왔다. 오늘날까지 경주 최 부잣집에서는 법주라는 독특한 가주(家酒)를 만들어 오고 있는데, 이러한 법주의 제조 비법은 바로 최국선이 사옹원 참봉으로 잠시 재직하면서 배운 궁중의 양조 비법을 맏며느리에게 대대로 전수해 오늘에까지 이른 것이다.

이 법주를 만드는 것은 최 부잣집 맏며느리의 가장 중요한 일 중 하나였다. 혹시나 그해의 법주가 맛이 좋지 않으면 시아버지에게 꾸중을 듣는 것은 물론이고 한 해 내내 손님들의 입에 오르내리게 되므로 여간 신경이 쓰이는 것이 아니었다. 며느리들은 새 술을 뜨는 날이면 마치 과거를 앞둔 수험생처럼 가슴이 두근거리고 긴장될 정도였다.

당시만 해도 웬만한 집에서는 막걸리, 소주, 청주쯤은 담가 먹었다. 여기에다 약간 멋을 부리는 선비들은 송로주, 국화주 등 온갖 이름의 술을 담그기도 했다. 그 술은 남에게 팔기 위한 것이 아니고 벗이나 이웃과 나누어 먹기 위한 것이었다. 이런 가양주 중에서도 교동 법주는 맛이 있기로 소문난 술이었다.

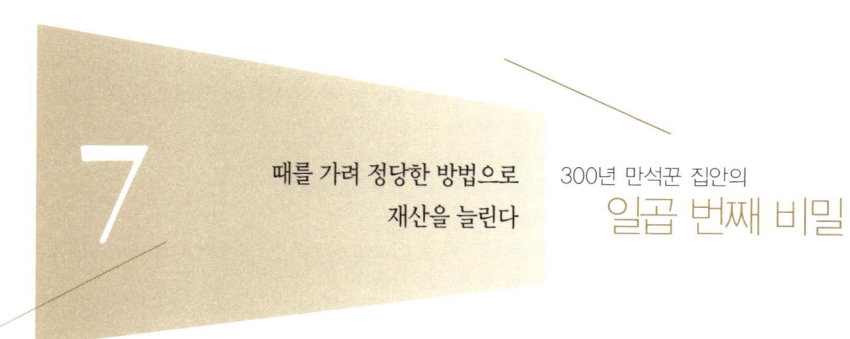

7

때를 가려 정당한 방법으로 재산을 늘린다

300년 만석꾼 집안의
일곱 번째 비밀

모내기법을 실시하여 제초에서 절약되는 남는 노동력으로 땅심을 돋우거나 더 많은 땅을 개간할 여력을 가지면서 최씨 집의 재산은 날로 늘어갔다.

흉년에는 수많은 사람들을 먹여 살리고, 마을의 대소사에서 힘든 일이 있으면 의논하며 금전이 부족하면 언제나 돈을 꿀 수 있었으므로 최 부잣집은 오늘날의 마을금고 역할까지 하면서 모든 경제 활동의 중심이 되었다. 최 부잣집의 서궤에는 언제나 담보로 받은 약속 문서가 가득 쌓여 있었다.

한때 최국선은 병으로 오래 누워 지낸 적이 있었다. 어느 날 최국선은 맏아들을 불렀다.

"지금 방에 들어가 서궤 서랍에 있는 그간의 담보 서약 문서를 모두 가지고 오너라."

그 속에는 흉년이나 집안의 큰일 즉, 자식을 결혼시키거나 부모의 상을 당해 돈을 빌려 간 사람들이 써 준 문서나 맡겨 둔 보증서 등이 가득 들어 있었다. 최국선은 아들에게 말했다.

그중에서 토지나 가옥의 문서는 모두 주인에게 돌려주고, 나머지 서약 문서나 돈을 빌려 준 장부는 모두 마당에 모아 불을 지르도록 하여라. 돈을 갚을 사람이면 이러한 담보가 없더라도 갚을 것이요. 못 갚을 사람이면 이러한 담보가 있어도 여전히 못 갚을 것이다. 돈을 못 갚을 형편인데 땅 문서까지 빼앗아 버리면 어떻게 돈을 갚겠느냐. 이러한 담보로 인하여 얼마나 많은 사람들이 고통을 당하겠느냐. 땅이나 집문서들은 모두 주인에게 돌려주고 나머지는 어서 불태우거라.

최국선은 또한 가족들을 모아 놓고 사람이 물건을 팔고 사는 도리에 대해 말한 적이 있다.

사람이 온갖 것을 다 만들지 못함으로 사고 팔기를 아니할 수 없거니와 사람의 마음이 살 때는 적게 주고 팔 때는 많이 받고자 한다. 남에게 속지는 않아야 하겠지만 너무 잇속을 챙기려 하지 말며, 물건을 살 때는 마음속으로 내가 팔면 얼마를 받겠는가를 생각하고, 팔 때는 내가 사면 얼마나 주겠는가를 짐작하여 팔면 자연히 마땅한 값이 되느니라. 남이 절박하여 물건을 헐값으로 내놓아도 값은 값대로 주고 사라. 너무 잇속을 생각하면 오래지 않아 잃어버리거나 깨지거나 자손이 도로 팔거나 하니라. 혹시 제 값을 헤아리지 못하고 지나치게 주었어도 잘못이니 남에게 물어 공론대로 하면 나의 마음과 복에 해가 없느니라. 부디 너무 잇속만 차리지 말라.

최국선의 이러한 말에는 남과의 거래에서 지켜야 할 기본적인 자세를 자상히 일러 주고 있다.

첫째, '남에게 피해를 주지 않는다.'는 것이다. 사람은 누구나 자신의 물건을 팔 때는 비싸게 팔고 싶고 남의 물건을 살 때는 싸게 사고 싶어 한다. 이것이 바로 경제적 사고방식이다. 그러나 경제학의 기본 원리와 같이 수요와 공급이 일치하는 곳에서 가격이 결정되고, 거래가 성립된다. 물론 수요나 공급에서 독점 형태가 되면 일방적으로 가격이 결정될 수 있다. 그러나 이것은 곧 사회적으로 지탄의 대상이 된다. 그러므로 합리적인 가격 결정을 위해서는 상대방의 입장에서 가치를 생각해 봐야 한다는 것이다. 이렇게 제시되어 합의된 가격은 결국 사는 사람과 파는 사람 모두의 이익 즉, 소비자 잉여를 최대로 가지게 된다. 사람이 일시적으로 실수하여 가격을 너무 높이 잡아 물건을 샀을 경우에는 그 거래자와 두 번 다시 거래를 하지 않을 것이며, 결국 양쪽 모두에게 장기적으로 손해를 가져온다는 원리가 숨어 있다.

둘째, '남이 위급한 상황에서 물건을 헐값으로 내놓을 때라도 물건 값은 제값을 주고 사라.'는 것은 매우 중요한 의미를 갖는다.

흔히들 거래를 할 때는 상대방의 약점을 노리며 최대한

유리하게 하는 것이 최상의 거래인 것처럼 생각하기 쉽다. 그러나 이러한 거래는 극히 단기적 안목에 의한 거래라 할 수 있다. 병이 났을 때나 흉년이 들어 굶고 있는 상황과 같은 절박한 상태에서 물건을 팔려고 하는 사람은 현재 처한 상황이 너무나 다급하기 때문에 우선의 급한 문제를 해결하기 위해 터무니없이 낮은 가격으로라도 팔기를 바랄 수 있다. 이런 상황에서는 물건을 사 주는 것 자체만으로도 고맙게 느낄 수 있다. 그러나 이러한 거래는 곧 실패하게 된다. 위급한 상황을 넘기기 위해 헐값으로 물건을 판 사람은 그 위기가 지나자마자 그때의 거래가 야속하고 그렇게 물건을 산 사람이 원망스럽다는 생각이 들게 마련이고, 급기야는 원한을 사게 된다.

 최씨 가문은 그것을 경고하는 것이다. 이것은 거래의 본질을 잘 알고 있는 의미 있는 교훈이다. 거래란 결국 거래 당사자들이 모두 만족한 상태라야만 의미 있게 완성되는 것이다.

 그렇다고 해서 물건을 살 때 상대방이 요구하는 대로 터무니없이 높게 사라는 말은 결코 아니다. 제값을 헤아리지 못하고 지나치게 주었어도 잘못임은 지적하고 있다. 그러나 이 경우에도 '남에게 물어 공론대로 하면 나의 마음과 복에 해가 없다.'고 하여 공론을 따르라고 했다. 여기에서의 공론이란 '다수의 의견'이라 볼 수 있고, 최종적으로는 민심이나 상식과 관련이 있음을 말하고 있다. 어쩌다 물건 값을 잘 헤아리지 못해 너무 비싸게 사는 경우에도 공론에 따라 다시 조정하고, 그렇게 해서 성공하지 못하더라도 마음에 거리낄 것이 없고 복에 해가 없다는 것이다. 그러므로 남을 배려하며 건전한 상식을 가지고 '너무 잇속만 차리지 말고' 거래하라는 말은 현대적으로도 의미 깊은 생각이라 할 수 있다.

  이렇게 해서 최 부잣집에는 또 하나의 가훈이 생기게 되었다.

  경주 최 부자의 가훈에 나타나는 중요한 정신은 재산의 축적 과정이 도덕적이고 정당성이 있었다는 사실이다. 재산 증식과 축적의 정당성이란 전체 사회가 가지는 가치와 개인의 행동이 일치한다고 인정되는 것을 의미한다. 즉, 사회적 기대나 가치 규범에 부응하고 자신이 가지고 있는 권력에 상응하는 책임 있는 행동을 해야 한다는 소위 '노블레스 오블리주'를 말하며, 더 나아가 전체 사회의 발전에 이바지해야 함을 의미한다.

  이러한 사실은 최 부잣집의 시작이라 할 수 있는 최국선으로부터 마지막 최준에 이르는 10대에 걸쳐 흉년이 들었을 때 수많은 기아민을 구제한 기록으로도 충분히 알 수 있다.

심한 흉년이 들었을 때나 뜻밖의 재앙을 당했을 때는 싼값으로 땅을 팔려고 내놓는 사람이 많았으므로 재산을 증식하기에 용이했다. 그러나 최 부자는 남의 약점을 이용해서 재산을 늘리지 않았다는 데서 이웃 백성들로부터 미움을 사지 않았다.

이것은 최국선의 행장에서 "…… 차차 가산이 많이 늘어난 후에는 더 많이 재산을 모으려 하지 않고 남은 것은 친척이나 마을의 어려운 사람들의 구제를 위해 모두 썼다."라는 기록에서 볼 수 있다.

이러한 선린 정신으로 최 부잣집은 훗날 그 험악한 동학란 때에도 이웃의 도움으로 난을 피할 수 있었다.

이것은 오늘날 이익 추구를 위해 무차별적으로 인수, 합병하는 약육 강식의 논리와 상반되는 것으로, 도덕적 윤리적인 측면에서 소작인들이나 백성들로부터 원한을 사지 않고 정당성의 원칙에 입각한 축재 방법이었기에 존경을 받고 오랫동안 부를 누릴 수 있었다.

최국선은 숙종 임술년(1682)에 쉰둘의 나이로 세상을 떠났다.

최국선의 이러한 행적은 세자 익위(조선 시대 왕세자의

시위를 맡던 정5품 벼슬) 이광정이 쓴 묘갈명에 다음과 같은 말로 잘 나타나 있다.

> 사람들은 재물이 있으면 더 가지려고 하건만
> 공은 이를 끊었도다.
> 벼슬을 내렸으되 연연하지 않았으며
> 오직 남의 급함을 구제함에 힘썼도다.
> 물욕에 마음 빼앗기지 않았으며
> 잡은 문서 불태우니 마음 매우 넓었도다.
> 이같이 어진 이는 정무공의 손자로고
> 이 비석에 새긴 글월은 후손의 법이로다.

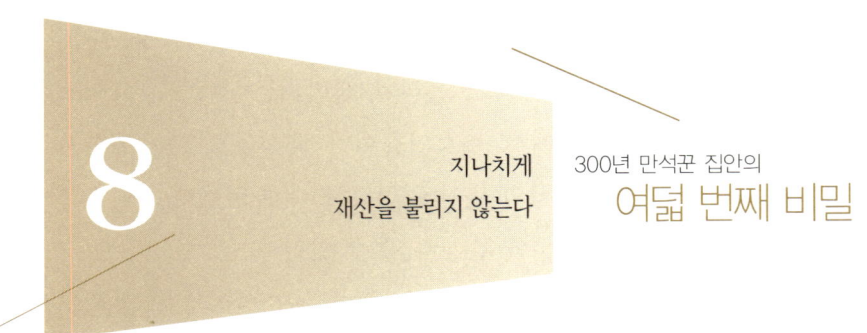

8 지나치게 재산을 불리지 않는다

300년 만석꾼 집안의 여덟 번째 비밀

최진립 장군이 가문의 터전을 일군 뒤에 그의 셋째 아

들인 최동량이 부의 기틀을 다지고 또 최동량의 맏아들인 최국선이 만석꾼 최 부자라는 명성을 얻었다.

최국선도 아들 셋과 딸 셋을 두었는데, 그중에서도 아버지의 뜻을 잘 이어받은 사람은 둘째 최의기였다. 효종 계사년(1653)에 태어난 최의기는 자는 방숙이고, 현재의 교촌파 최 부자의 파조를 이루었다. 즉, 최국선 대에 이루어진 만석꾼의 토대가 그 아들 대에 가서는 둘째 아들에게로 그 부의 맥이 흐른 것이다.

최국선의 뜻을 받든 세 아들들은 제각기 아버지의 유지를 받들어 열심히 일했다. 그러나 세 형제 중에서 유독 둘째 아들인 최의기의 집은 날로 더 번창하는 데 비해 맏이와 셋째 아들의 집은 번성하지 않았다. 참으로 이상한 일이었다. 첫째 아들과 셋째 아들이 둘째보다 특별히 게으르거나 낭비한 것도 아니었는데 둘째인 최의기의 집만 날로 번창하는 것이었다. 그래서 큰 부자는 하늘이 내린다는 말이 있는 것일까. 별 이유 없이 최의기의 집이 잘되어 가자 차츰 남모르는 시기를 받게 되었다.

이러한 사실을 암시라도 하듯이 최의기가 혼인하여 분재(재산을 나누는 것)할 때 이상한 일이 일어났다.

당시에는 먼저 노비를 나누고, 다음으로 땅을, 그 다음으로 옷감 등의 재물을 나눴다.

물론 가문마다 약간의 차이는 있겠지만 대체로 그 나누는 비율은 제사를 지내기 위한 제사위로 1을, 딸에게 1을, 서얼자에게 1을, 아들에게는 똑같이 2를 분배 했지만 경우에 따라 맏이에게 약간을 더 얹어 주기도 했다.

최국선의 경우 아들 셋과 딸 셋이 있었으니 제사위로 10분의 1, 맏이에게 10분의 2, 둘째와 셋째 아들에게 각각 10분의 2씩을 주고 딸 셋에게 각각 10분의 1씩을 주었다.

그러므로 최의기에게도 10분의 2 정도인 천 석 정도를 떼어 주었다. 최 부잣집은 최국선 대부터 만석꾼으로 불렸으나 실제 재산은 5,000석 정도였다.

물론 천 석의 재산도 어마어마한 것이었다. 당시에는 어디까지나 장자 중심의 시대였으므로 문전옥답은 맏아들에게 돌아가고, 집은 큰집 가까이에 사방으로 작게 지어서 분가했다. 노비, 천 석의 소작임 땅, 옷감 등의 재물과 함께 한 해 동안 먹을 쌀을 물려받은 것이다. 형제가 많은 경우에는 나중에 분쟁의 소지를 없애기 위해 화회기라는 문서를 작성하여 형제가 서로 확인을 하고 도장을 찍어 보관했다.

그런데 한 해 먹을 볏섬을 나눌 때 희한한 일이 벌어졌다. 최의기가 받은 쌀은 도정하지 않은 벼 스무 가마니였다. 그는 아버님과 형님께 큰절을 하고 받은 스무 가마의 벼를 분가한 자신의 작은 고방(광)에 넣고 난 후 너무나 감격하고 자랑스러운 나머지 하나를 열고 벼를 두 손으로 움켜쥐었다. 그러나 그 순간 정신을 잃고 말았다. 손에 물컹하고 무언가가 집히는 것이었다. 그것은 놀랍게도 구렁이었다. 손목 굵기의 누런 구렁이가 가마니 속에서 똬리를 틀고 앉아 있는 것이었다.

"악!"

최의기는 외마디 비명을 지르고 혼절했다.

부인이 흔들어 깨워 보았지만 일어나지 않았다. 놀란 부인은 큰집으로 달려가 식솔들을 불러왔다. 아버지와 형, 동생을 비롯한 여러 노복들이 달려와 얼굴에 물을 끼얹고 흔들어 깨우자 최의기가 겨우 눈을 떴다. 그때 벼 가마에서 기어 나온 구렁이가 똬리를 틀고 최씨의 가족들을 바라보고 있었다.

노비 하나가 옆에 있던 지게 막대기로 두들겨 잡으려고 덤비들자 아버지가 손을 들어 급히 말렸다.

"아서라! 그러는 게 아니다. 저것은 '업'이라는 영물이다. 구렁이가 우리를 해치지 않았는데 함부로 살생을 해서는 안 된다. 자고로 볏섬 속에 있는 구렁이는 재물의 상징이니 장차 의기의 집에 큰 재물이 일 것이야."

정신을 차린 최의기는 아버지의 말을 듣고 크게 당황하여 떨리는 목소리로 말했다.

"아버님, 그러시다면 우리 가문의 재물은 큰집에 모이는 것이 당연하니 저 구렁이를 다시 가마니에 넣어 큰집 광으로 옮겨 가는 것이 마땅하리라 생각합니다."

"아니다. 내가 재물을 나눌 때 특별히 구분 지어 나누지 않았고, 이미 구렁이는 이 집에서 나왔으니 복이 되어도 이 집 복이요 화가 되어도 이 집 화가 되는 것이 이치다. 복이나 화는 인위적으로 되는 것이 아니니라."

그리고 최국선은 가족들과 노비들에게 당부했다.

"오늘 있었던 일을 절대 입 밖에 내지 마라. 혹시라도 이런 일이 세간에 알려지면 온갖 미신과 억측으로 유언비어를 퍼뜨리기 쉽고 가문에 혼란을 일으킬 것이니 없었던 일로 하고 함구해야 할 것이야."

이렇게 당부는 했으나 최국선은 최씨 가문의 부가 둘째 아들 최의기에게로 내려갈 것을 예감했다. 그러나 그렇더라도 그것은 하늘의 뜻일 것이므로 어떻게 할 도리가 없는 것이라 생각했다. 아버지도 셋째 아들이지만 집안의 부를 이룰 기초를 마련하지 않았던가.

그날 밤 최의기는 잠이 오지 않았다. 그는 깊은 한숨만 내쉬다가 갑자기 자리에서 벌떡 일어나 옷을 입었다.

"부인, 아무리 생각해도 그 구렁이는 큰집으로 가는 것이 마땅한 듯하오."

"그렇지요. 아버님이 그렇게 말씀은 하셨지만 못내 서운했을 것입니다. 형님도 마찬가지 생각일 것입니다. 저도 내내 찜찜하게 걸립니다. 아예 우리가 욕심을 버리고 큰집으로 돌려 드리는 것이 좋을 듯합니다."

최의기는 광으로 가서 아직까지 똬리를 틀고 있던 구렁이를 다시 가마니에 곱게 쓸어 담아 지게에 지고 조심스럽게 아버지가 있는 큰집광으로 가져가 조용히 내려놓고 왔다.

그런데 이튿날 아침에 광으로 들어가 보니 어젯밤에 분명히 큰집으로 옮겨다 놓은 그 구렁이가 다시 자기 집 광에 똬리를 틀고 앉아 있지 않는가!

이런 일 때문인지 몰라도 최의기의 집에는 날이 갈수록 재물이 늘어 갔다. 의기는 형제들 중에서 특별한 재주가 있는 것도 아니고 그렇다고 부지런한 점이나 근검 절약하는 자세가 유별나지도 않았지만 형제들 중에서 유독 그의 살림이 계속 늘어 가는 것은 도대체가 알 수 없는 일이었다.

그러나 하늘은 공평했다. 집에 재물은 계속 늘어났지만 최의기는 진사 시험에서 번번이 고배를 마셨다. 하늘은 최의기에게 명예보다 부를 내린 것이다. 그는 혹시나 시샘을 받을까 두려워 더욱 검소하게 생활했다. 그러나 시기하는 눈으로 고깝게 보면 인색한 것으로 보이고, 글 재주는 없으면서 재물에만 뜻이 있다고 빈정대는 형제도 없지 않아 알게 모르게 따돌림을 받을 때가 많았던 것이다.

나이 쉰이 넘은 최의기는 어느 날 모처럼 기분을 바꿀 심산으로 강원도 금강산으로 여행을 떠났다. 든든한 하인 한 명만 데리고 떠난 그는 금강산 가는 길에 설악산 언저리의 한 이름 없는 절에 머물게 되었다.

"지나가는 나그네인데 며칠 머물 수 있겠습니까?"

최의기는 인자해 보이는 노스님에게 말했다. 최의기는 그 절이 마음에 들었다. 노스님과 동자승 그리고 공양주 보살, 이렇게 세 사람만 살고 있던 그 절은 아주 곤궁해 보였다. 그는 우선 하인이 짊어지고 온 쌀과 돈을 듬뿍 시주했다. 그러곤 요사채에 여장을 풀고 절을 한바퀴 돌아보았다. 요사채 뒤편의 정원에는 괴석들이 진열되어 있었다.

'참으로 희한한 돌들이구나!'

최의기는 감탄하여 입이 다물어지지 않았다. 산봉우리 모양을 한 돌, 폭포 모양을 한 돌, 꽃무늬가 있는 돌, 알이 들어 있는 것 같은 돌, 짐승같이 생긴 돌, 산수화가 그려진 돌, 글씨가 쓰여진 돌, 어린아이 형상을 한 돌, 남근같이 생긴 돌 등…….

하루를 쉬고 다음 날 노독에 젖어 피곤했기에 늦잠을 잔 최의기는 인사를 드리기 위해 노스님을 찾았다.

"노스님은 돌을 주우러 가셨습니다. 돌을 줍는 것이 도를 닦는 방법이라고 하셨습니다."

그날 저녁 공양을 마친 최의기는 노스님의 방문을 두드렸다.

희미한 호롱불 앞에서 노스님은 무릎 앞에 돌덩이 한 개를 놓고 만지작거리며 흙을 털고 있었다. 스님 앞에 조용히 다가앉은 최의기는 조심스럽게 물었다.

"스님, 그것이 무엇이옵니까?"

"돌도 몰라서 묻소?"

노스님의 대답은 너무나 퉁명스러웠다. 그러나 그 말에는 한 점의 가식도 없는 듯했다.

노스님은 이것저것 묻는 최의기의 말에는 대답을 하지 않고 계속 그날 주워 온 돌만 만지며 흙을 털고 한참을 들여다보기도 했다.

최의기는 이튿날부터 새벽에 깨자마자 스님의 행동을 세세히 관찰했다. 노스님은 새벽 염불을 마치고 뒤뜰로 나와 서른아홉 개의 돌 중에서 한 개를 골라내더니 그 자리에 어제 가져온 돌덩이를 대신 놓았다. 스님은 골라낸 한 개의 돌을 조심스럽게 바랑에 담았다. 그러고는 남은 돌들을 하나씩 뚫어져라 보면서 한바퀴를 돌았다.

  호기심으로 가득 찬 최의기가 노스님에게 다음번에 돌을 주우러 가실 때 따라가도 되냐고 묻자 순순히 그렇게 하라고 했다. 닷새 뒤 의기는 노스님을 따라나섰다. 스님은 설악산 오색암으로 오르는 골짜기에 들어섰다. 스님은 지난번 뒤뜰에서 골라낸 한 개의 돌을 넣은 바랑을 지고 무수한 돌들이 널려 있는 계곡을 따라 걸었다. 한 시간쯤 걸었을까? 스님은 어느 지점에서 우뚝 멈춰 섰다. 그러고는 천천히 바랑을 풀어 돌을 꺼내 조심스럽게 그 자리에 놓았다.

  "스님, 돌을 왜 여기에 놓습니까?"

  최의기가 의아하게 묻자 스님은 빙긋이 웃으며 대답했다.

  "이 자리에 있던 걸 소승이 가져왔지요."

  스님은 이렇게 계곡을 오르면서 가지고 온 돌을 원래 있던 자리에 다시 두고는 천천히 계곡을 걸으면서 무수히 널린 돌들을 하나씩 살폈다. 그날은 새로운 돌을 줍지 못했다.

  돌아오는 길에 최의기는 스님에게 물었다.

  "그런데 왜 그 돌은 버리고 다시 새 돌을 주워 오십니까?"

"집착이 있는 한 마음은 자꾸 변하기 마련입니다. 집착을 버리면 마음은 없어집니다."

"그렇다면 스님의 집착은 언제 없어집니까?"

"처음에 소승은 돌이 좋아 무작정 모았지요. 어느 날 무심결에 주워 온 돌을 세어 보니 일백여덟 개였지요. 그것이 번뇌의 돌이란 걸 깨달았지요. 그날부터 돌을 하나씩 모으면서 또 버렸지요. 뒤뜰에 있는 돌을 다 버리는 날 그날이 바로 소승의 집착이 모두 없어지는 날이 될 것입니다. 허나 내 심성으로 보아 살아 생전에 다 버릴 것 같지는 않소."

최의기는 노스님께 하직 인사를 하고 절을 떠났다.

'버려라. 버려야 한다. 원래 그 자리에 갖다 두어야 한다.' 노스님의 수행 방법은 그에게 어떤 영감을 주었다. '버려라. 버려야 한다. 원래 그 자리에 갖다 두어야 한다.' 그때부터 최의기는 늘 이렇게 중얼거리곤 했다.

최의기는 끝내 진사가 되지는 못했으나 재산을 일구면서 일흔 살까지 수를 누렸다. 그가 죽기 직전에 자식에게 이른 유언은 다음과 같은 것이었다.

"재산은 만 석 이상 하지 마라."

조선 시대에는 엄밀한 의미에서 개인 소유의 토지는 없

고 토지 공유제만 있었다고 해도 과언이 아니다. 이러한 상황에서 농민은 최고 지주라고 할 수 있는 국가의 농노라고 할 수 있다. 물론 일부는 개인 지주에게 예속된 반자유민으로 가혹한 시달림을 받았다.

개인 지주에 의한 소작료 수탈은 나라에서 수전 즉 공신전, 직전, 별사전, 사전 등의 수전자에 의한 경작 농민의 수탈보다 한층 더 가혹했다.

조선 시대의 이러한 토지 지배 구조에서 양반의 대다수는 도시에 거주하는 부재 지주였고, 소작농 관리는 마름에게 맡겨 소작인들의 노동 상태를 조사하고 추수기에는 소작미 결정에 참여하게 했다. 그러므로 마름은 때로는 지주를 농락하고 지주의 위세를 빌려 교묘한 수법으로 소작인을 농간하기 일쑤였다.

그런데 최씨 집안은 향리에서 농민들과 함께 살면서 일체 마름을 두지 않고 농민들의 아픔을 헤아리면서 부를 유지했다는 데 큰 의미가 있다.

최 부자의 전체 소작료 수입은 1년에 만 석을 넘지 않도록 했기 때문에 최 부자의 토지가 많아지면 많아질수록 소작인 개인이 내야 하는 소작료는 줄어들었다. 이 때문에 농민들은 최 부자가 더욱더 땅을 많이 가지기를 원하여 땅을 판다는 소문만 들으면 최 부자에게 소개해 사도록 권하기까지 했다.

　기업의 이념적 목적을 세우는 데는 두 가지의 설이 있다.

　하나는, 이윤을 극대화하는 것이라고 보는 설이며 다른 하나는, 생산을 하는 것이고 그 목적을 달성하기 위한 수단으로 이윤을 획득해야 한다는 설이다.

　최 부자의 이념적 목적은 후자인 이윤 수단설과 의미가 상통한다고 볼 수 있다.

　최 부잣집은 이처럼 극대 또는 최대보다는 적정 또는 차선을 선택함으로써 장기적인 안목에서 부의 극대화와 안정을 도모했다.

　또 이것을 시간적 개념으로 풀어 볼 수도 있다

　우리가 일반적으로 말하는 '이익의 최대화'라는 말은 일정한 회계 기간을 정해 이익을 극대화한다는 말이다. 이때 '일정한 기간'을 어떻게 보느냐에 따라 생각은 전혀 달라질 수 있다는 것이다.

　최부잣집의 경우 한 해의 이익을 '만 석'으로 한정 지어 연간 만 석씩 300년 동안 300만 석의 수입을 올린 셈이다. 만약 욕심을 부렸다면 한 해에 2만 석을 얻을 수도 있었겠지만 3대를 넘지 못하고 망했다면 50년으로 쳐도 100만 석에 불과하다는 계산이 나와 결과적으로 소탐대실이 되고 만다.

이러한 사실은 오늘날의 경제 원리에서 보면 단기적인 극대 이윤의 추구보다는 적정 이윤의 추구가 오히려 종업원과 소비자들에게 먹혀들어 장기적인 이익을 누릴 수 있다는 것과 통한다고 할 수 있을 것이다.

오늘날의 기업에서도 기업의 이익률을 이를테면 '5퍼센트를 넘지 말라.'로 정해 놓고 그 이상의 이익은 기업에 재투자하고 종업원들에게 돌려주면서 지역 사회와 국가 발전을 위해 되돌려 준다면 우선 단기적으로는 기업의 이익이 적지만 기업 내부 및 외부 구성원들의 만족이 높아져 신뢰감이 쌓이고 안정되어 장기적으로는 높은 이익을 가져올 수 있을 것이다. 그러므로 한 개인의 가업이나 기업, 또는 다른 어떤 조직이든 시간의 지평을 어디까지로 보는가에 따라 만족도의 수준은 달라질 수 있음을 경주 최 부자의 가훈에서도 잘 알 수 있다.

인간의 욕심은 끝이 없다. 그 욕심을 절제하지 않고 무모하게 끝없이 추구하면 결국에는 죽음에 이를 수밖에 없다는 사실을 일깨우는 이야기로 톨스토이의 단편 소설 「인간에게 얼마나 많은 땅이 필요한가」를 들 수 있다.

러시아의 어느 마을에 파홈이라는 한 부지런한 농부가 살았는데 그 사람은 더 많은 땅을 갖고 싶었다. 그런데 볼 가강 건너편에 비옥한 땅이 많아서 싼값으로 땅을 살 수 있다는 말을 듣고 갔다. 그곳에서 그는 마을 촌장에게 땅을 사고 싶다고 말했는데 그 촌장은 파격적인 조건을 제시했다. 그곳에서는 '하루당'이라는 독특한 방법으로 토지를 거래하고 있었다. 그것은 참으로 희한한 거래 방식으로, 땅을 사고 싶은 사람이 하루 동안 제 발로 걸어서 돌아온 만큼의 땅을 모두 '하루당'으로 하여 천 루블에 양도하는 것이었다. 그러므로 달리기를 잘하는 사람이 더 많은 땅을 살 수 있었다. 그렇지만 하루해가 지기 전까지 출발지에 도착하지 못하면 천 루블의 돈은 잃게 되는 조건이었다. 그래서 파홈은 기뻐서 어쩔 줄을 모르며 죽을힘을 다해 달리고 또 달렸다. 그는 앞으로의 계획을 머릿속에 그리며 조금이라도 더 많은 땅을 사기 위해 달리고 또 달렸다. 어느덧 해가 서산에 기울었을 때 그는 가까스로 출발지에 도착하여 표적인 모자에 손이 닿았다. 그러나 그는 그 자리에서 죽고 말았다. 모자에 손이 닿을 때 촌장은 "진짜 좋은 땅을 차지했습니다."라고 말했다. 파홈은 바로 그 자리 6척의 구덩이 속에 묻혔다.

제3부

사회적 윤리를 실천하며 300년 재산을 지키다

 재산은 날로 늘었지만 벼슬은 하지 못한 최승렬

신비한 구렁이의 업 때문인지는 몰라도 최의기의 재산은 날로 늘어만 갔다. 그러나 언제나 좋은 일만 있는 것은 아니었다.

그에게는 두 아들이 있었는데 맏아들도 여러 번 과거에 응시했으나 자신처럼 끝내 급제하지 못했다. 아버지로부터 물려받은 재산은 점점 더 늘어나 큰집을 제하고는 사촌, 육촌들 중에서 가장 큰 재산을 모으게 되었지만 양반의 입문인 진사 시험에 2대에 걸쳐 계속 낙방하는 수모를 겪어야 했다.

숙종 경오년(1690)에 태어난 최승렬은 특별히 재주가 없었던 것은 아니다. 그는 아버지가 실패한 사마시에 도전했지만 과거의 운은 그를 돌보지 않았다.

그는 가훈을 지키지 못한 것을 못내 아쉬워했지만 효도와 우애가 지극하고 친족 간에 화목하여 향리에서 늘 칭찬했다. 그는 전원에서 평생을 조용히 지내면서 가업을 지키다가 예순여섯의 나이로 세상을 떠났다.

이렇게 최의기 이후 4대 동안 아들이 귀했다. 장남은 1남 3녀를 두었으나 아들이 일찍 죽어 동생의 외아들을 양자로 입적했다. 양자로 들인 최종률도 딸만 셋을 두고 병약하여 대를 이을 아들을 얻지 못했다.

당시 양반가나 부잣집에서는 으레 첩실을 들이게 마련이어서 굳이 아들을 얻으려고 했다면 못 얻을 리 없었을 것이다. 그러나 최 부잣집에서는 "여색을 멀리하라."는 가거십훈이 있었기에 이리저리 여색을 탐하여 아들을 낳을 생각을 하지 않았던 것이다.

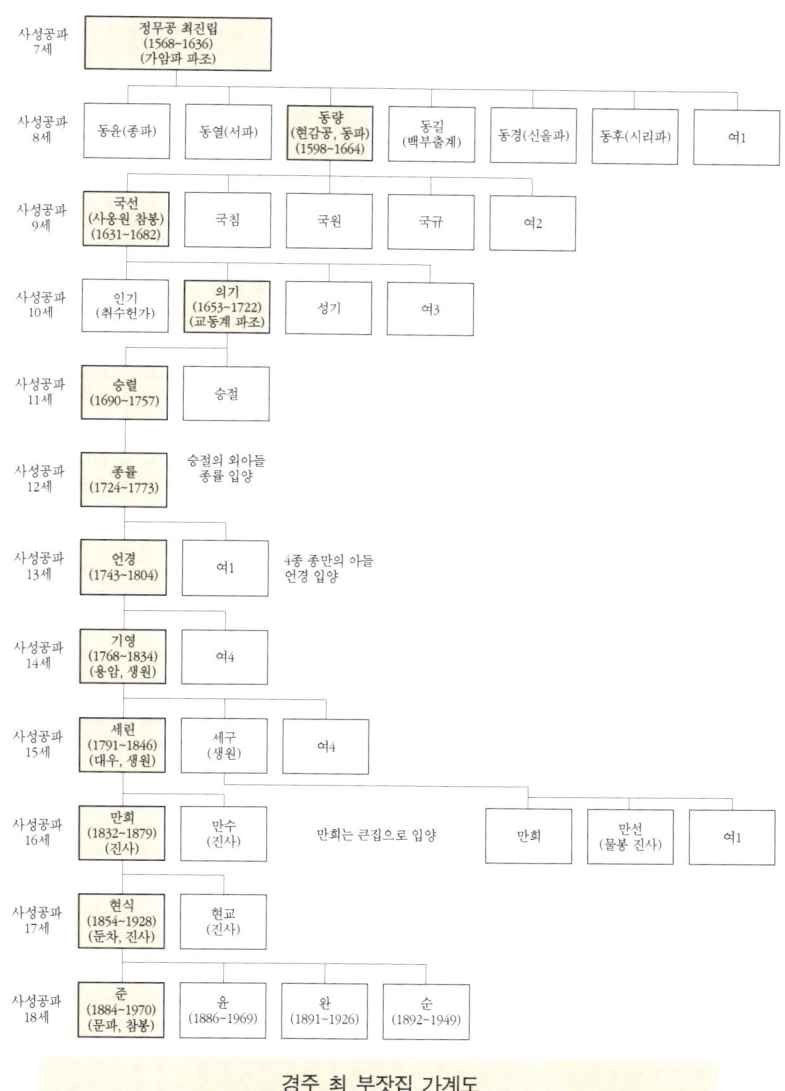

경주 최 부잣집 가계도

9. 청백리 정신에 바탕을 둔 근검절약 정신을 실천한다

300년 만석꾼 집안의
아홉 번째 비밀

진사 시험에도 번번이 낙방하고 양자로 들어와서 자식마저 귀했던 최종률은 세간에서 쑤군거리는 소리를 피하기 위해 더욱더 검약한 생활을 했다. 그의 행장을 보면 다음과 같은 글이 있다.

원래 공은 가정이 풍요로웠으나 천성이 근면하고 검소하여 명주옷을 거듭하지 아니하고 식사도 좋은 반찬을 적게 하였으며 사치하지 아니해서 청백한 가풍을 더럽히지 않았고, 처세에는 남의 허물을 듣고도 못 들은 척하며 어리석은 사람같이 하였다.

최 부잣집 사람들은 모두가 근검절약이 몸에 밴 가풍을 가지고 있었지만 최종률은 또 하나의 가훈을 만들었다. "며느리들은 시집온 후 3년 동안 무명옷을 입어라." 만석꾼 부잣집에서 며느리가 3년 동안은 비단옷을 입지 말고 무명옷을 입으라는 것은 어떻게 보면 지나치게 인색한 것처럼 보이지만 이러한 검약 정신은 하인들에게는 물론 이웃 사람들에게도 교훈이 되었다.

경주 최 부자 가문이 부를 유지한 또 하나의 비결은 선비 정신에 근거한 근검절약 정신이다. 이는 최진립으로부터 이어 오는 청백리 정신에 바탕을 두고 있다고 할 수 있다.

최 부잣집의 며느리가 시집온 후 3년 동안 무명옷을 입도록 한 것은 살림을 맡아 하는 며느리에게 근검절약하는 정신이 몸에 배도록 하려는 뜻이다. 오늘날에도 모든 부의 원천이 절약 정신에 바탕을 두고 있음을 생각할 때 부자로서는 당연하면서도 지키기 어려운 덕목이라 할 수 있다.

또 한편으로 최종률은 할아버지 대부터 이루지 못해 한이 된 과거에 합격하기 위해 갖은 노력을 다했다. 그 결과 영조 계사년(1773)에 임금의 여든 수를 경축하는 과거인 별시에 쉰 살의 나이로 응시하여 가까스로 급제했다.

그러나 최종률은 진사 시험에 급제한 지 사흘 만에 역질에 걸려 객사(客舍)에서 죽었다.

최종률은 대를 이을 아들이 없어 사종 형의 아들을 입양해 후사로 삼았다. 열여섯의 나이에 입양된 최언경은 서른한 살에 한양의 객사에서 죽은 아버지를 운구하여 상례에 따라 장사를 지내고 홀로 남은 모친을 30년 동안 정성껏 모셨다.

그러나 그도 과거 운이 없어 세 번이나 실패한 다음 포기한 후 고향에 남강 서당을 짓고 그 주변에 송죽과 화초를 가꾸며 수백 권의 서책을 비치하여 향리의 교육에 전념하는 것으로 만족해야만 했다.

최의기의 아랫대 후손들이 계속해서 과거에 실패하고 자손이 귀하자 마을 사람들은 쑤군거리기도 했다.

"하늘은 참 공평하기도 하지. 한 사람에게 모두를 주지 않으니……. 재물을 주니 자식과 벼슬을 거두어 가 버리네."

최의기로부터 4대 동안에는 아들이 없거나 외동아들만 두었다. 이것은 한편으로는 자손이 번창하지 못해 아쉬운 점이 있었겠지만 오히려 부를 더욱 축적하게 된 계기가 되었을 수도 있다. 자식이 여럿이면 분가할 때마다 분재를 해야 하고, 여러 대에 걸쳐 분재를 계속하면 아무리 큰 부자라도 그 부를 지키기 어려울 것이다. 또한 형제가 많으면 이해관계가 얽힐 수도 있고 다툼이 생길 수도 있다.

최의기의 자손이 외동이거나 무자식으로 양자를 들이면서 4대를 내려가 재산을 분배하지 않고 늘려 농업 자본을 축적할 수 있었던 것도 부를 지킬 수 있었던 이유 중 하나라고 볼 수 있다.

300년 만석꾼 집안의 구체적 상황 대처법, 육연

언제부터인지는 분명하지 않지만 경주 최 부잣집에는 선조 때부터 내려오는 또 하나의 유훈으로 수신을 위한 육연(六然)이 있다. 이것은 중국 명나라 말기의 학자 육상객(陸湘客)이 지었다는 설도 있고, 최후거(崔後渠)가 지었다는 설도 있으나 확인하기 어렵다. 육연은 사람이 어떤 상황에 처했을 때 가져야 할 올바른 자세를 구체적으로 제시한 여섯 가지 행동적 교훈이라 할 수 있다.

한자 문화권에서 흔히 쓰이는 '연(然)'이란 '그러하다'라는 의미를 가지고 있으며, 특정한 사실이나 사태를 가리키는 말이다. 자연(自然), 당연(當然), 필연(必然), 본연(本然), 우연(偶然), 소이연(所以然) 그리고 육연에서 말하는 여섯 가지의 연도 모두 '그러하다' 앞에 다른 글자를 놓음으로써 어떤 특별한 상황에서의 상태를 나타낸다. 이와 같이 '무엇무엇 연'이라고 하면 기본적으로는 같은 맥락에서 '무엇'에 따라 상태가 달라지는 것을 말한다.

예를 들어 '자연(自然)은 '스스로(自)' '그러하다(然)'라는 말로 '그러함'의 이유와 근거가 행위자 '스스로'에 있음을 나타낸다.

이 육연의 내용을 자세히 보면 인간이 어떤 상황에 처

했을 때의 구체적 행동 방법을 잘 나타내 주고 있음을 알 수 있다. 사람들이 처할 수 있는 상황을, 혼자 있을 때(自處), 대인 관계를 가질 때(對人), 특별한 일이 없을 때(無事), 특별한 일이 일어날 때(有事) 그리고 이러한 특별한 일로 인해 결과가 좋을 때(得意)와 나쁠 때(失意)의 여섯 가지 정도로 나누어 보는 것이다. 육연은 이러한 상황에서 취해야 할 행동 요령을 제시한다.

───자처초연(自處超然)

고요하게 혼자 있을 때는 초연하라. 초연함이란 어느 한 가지에 집착함이 없고 얽매임에서 벗어나는 것을 말한다. 그러므로 사람이 혼자 있을 때는 어느 한쪽에 쏠리거나 매이고 집착하면 중용의 도를 잃어버리고 본질이 왜곡되어 버린다는 것이다.

현대적 의미로 보면, 최고 경영자나 지도자들은 혼자 있을 때 명상을 하면서 여러 가지 생각을 할 수 있겠지만 특정한 하나의 안에 집착하면 잘못된 결과를 가져올 수도 있다는 의미로 해석할 수 있다. 그러므로 초연해야 한다는 것이다.

―― 대인애연(對人靄然)

사람을 만날 때는 평화로운 마음으로 만나라. 인간관계의 기본은 남을 배려하는 따뜻한 마음을 가지는 것이다. 사람과 사람의 만남에서는 자신의 입장에서 상대를 보고 자신에게 이익이 되거나 유리한 입장에서 판단하기 때문에 상대방을 배려하지 않거나 상대방의 마음을 거스르기 쉽다. 누구나 싫어하거나 적대하는 마음을 가지고 사람을 대하면 따뜻한 마음이 나올 수 없다.

"웃는 얼굴에 침 뱉으랴."라는 속담처럼 따뜻하고 평화로운 마음을 가지고 대하면 모든 일이 잘 풀리는 것이다.

최근 우리나라 부부의 이혼율이 세계에서 손꼽힐 정도로 높고, 고소 고발이 급증하며, 노사 간의 갈등이 지속적으로 발생하는 것도 모두 사람을 대함에 있어서 따뜻하고 평화로운 마음이 없기 때문이라고 할 수 있다.

―― 무사징연(無事澄然)

큰일이 없을 때는 물이 맑듯 고요하고 투명해야 한다. 물 속에 불순물 혹은 찌꺼기가 있으면 물이 맑을 수가 없듯이 마음속에 욕심이 있으면 마음이 맑을 수 없다. 그러므로 욕심을 버리고 불순한 생각을 버려야 한다는 것이다.

남을 속이려 하거나, 시기하거나, 미워하거나, 터무니

없이 높은 이익을 남기고자 한다면 이것은 모두 불순한 생각이고 마음의 찌꺼기가 된다. 그러므로 일이 없을 때는 나쁜 마음을 버리고 맑은 마음을 가져야 한다는 말이다.

── 유사감연(有事敢然)

결정을 해야 할 때는 과감하게 실행하라.

대체로 군자의 모습은 가부좌를 하고 허리를 꼿꼿이 세운 채 허공을 응시하는 정적인 모습을 떠올리기 쉬운데, 군자에게는 그러한 정적인 면만 있는 것은 아니다. 혼자 있을 때는 초연하고, 일이 없을 때는 맑은 물처럼 조용히 스스로의 내면을 바라보다가도 일단 일이 생기면 과감하게 추진한다는 것이다. 물론 이러한 과감한 행동은 앞에서의 조용한 자기 성찰 없이는 이루어지지 않는다. 정적인 자기성찰이 없는 과감한 행동은 무모할 뿐이다.

이것은 마치 밀림에서 사자가 사냥감을 오랫동안 응시하다가 어느 순간에 과감히 달려들어 단숨에 쓰러뜨리는 모습과 흡사하다. 오늘날 최고 경영자는 이러한 상황을 자주 만난다. 중요한 의사 결정을 할 때 주저하거나 미루면 큰일을 그르치게 된다. 홀로 있을 때, 사람을 만날 때, 일이 없을 때 자료와 정보를 차근차근 수집하고 많은 생각을 한다. 그래야 어떤 일이 생겨 판단이나 의사 결정을 해야 할 때 과감하게 행동에 옮길 수 있다는 것이다.

── 득의담연(得意淡然)

뜻을 얻었어도 담담하게 처신하라. 보통 사람의 경우 성공하면 기쁨을 감추지 못하고 흥분한다. 그러나 일이 잘되어 성공을 거두었을 때 흥분하지 않고 담담하게 처신해야 한다. 너무 기쁜 나머지 흥분하면 실수를 할 수도 있고 남에게 시기와 모함을 받을 수도 있을 뿐 아니라 오히려 일을 그르칠 수도 있다는 것이다.

── 실의태연(失意泰然)

뜻을 잃었어도 태연하게 처신하라. 우리는 어떤 일을 추진하다가 실패했거나 그 결과가 마음에 들지 않아 괴로워하고 좌절하여 허둥대기도 한다. 그러나 허둥대고 낙담한다고 해서 결과가 바뀌는 것은 아니다.

실패했더라도 태연한 모습으로 차분하게 실패의 원인을 찾아 다시 실패를 되풀이하지 않게 대비하는 자세를 가지는 것이 현명할 것이다.

최 부잣집의 사랑채에는 육연을 쓴 액자가 걸려 있고, 그 집안의 어린아이들은 한 달에 한 번씩 이 육연을 써서 아버지에게 보이고 뜻을 새겨야 했다. 이렇게 어릴 때부터 철저히 교육하여 생활화함으로써 항상 최선의 길을 갈 수 있도록 가르쳐 준 것이다.

이것이 최 부잣집 사람들이 매사에 실수하지 않고 최선의 행동을 할 수 있게 한 또 하나의 가르침이었다.

이조리 땅을 버리다

경상북도 경주시 교동 69번지.

원래 이 터는 신라의 요석 공주가 살던 요석궁 자리라고 전해진다. 집 오른쪽으로는 신라 신문왕 2년부터 자리 잡은 향교가 있고, 그 옆에 계림이 있다. 계림은 시림 또는 구림이라고 부르기도 하는 곳으로 신라 탈해왕 때 이상한 닭의 울음 소리가 들려 사람을 보내 보니 나뭇가지에 금빛 궤가 있었다. 그 속에 아기가 들어 있었는데 그 아기가 김알지로 그의 7세손 미추가 뒤에 신라 13대 임금이 되었다는 전설이 서린 곳이다. 계림은 경주의 별칭이기도 하고 한때 우리나라의 별칭이기도 했다.

또 왼쪽 뒤편으로는 내물왕릉을 비롯한 다섯 개의 큰 능이 작은 동산처럼 누워 있고 그 동쪽에 첨성대가 외로

이 서 있다. 최 부잣집에서 좀 더 서쪽으로 가면 김유신 장군이 살던 집터 자리인 재매정이 있다.

　최 부잣집이 이곳에 자리잡은 시기는 지금부터 약 200년 전으로 거슬러 올라간다. 그러니까 최언경의 아들 최기영이 터를 잡고, 그의 두 아들을 데리고 현재의 경주 교동으로 입향하여 정착한다.

　최 부잣집은 차츰 재산이 늘고 찾아오는 손님도 늘어 이조리 개무덤의 좁은 집으로는 감당하기 어려워 최준의 4대조인 최기영에 이르러 여기저기 좋은 집터를 물색하던 중 경주의 교촌으로 집터를 잡게 된 것이다.

　경주 최씨 교동 종친회에서 발간한 책에 의하면 이사의 동기에 대해 형식적으로는 이렇게 적고 있으나 사실은 교촌파 파조 최의기 때부터 재물이 붙기 시작하여 가까이 있는 재종, 삼종, 사종의 여러 친척들에게 시샘을 받아 견디기 어려워 이사를 결심한 것이라는 설도 있다.

　"사촌이 논을 사면 배가 아프다."라는 옛 속담은 결코 헛말이 아니다. 어느 날 최기영의 아들이 다급하게 아버지의 사랑방 문을 두드렸다.

　"아버님, 어찌 한 가문의 형제가 이럴 수 있습니까? 옆집 사종 형의 집에서 샘을 파는 것을 아시지요? 처음 우물을 팔 때부터 우리 집 담과 너무 근접하다고 좀 더 멀리 떨어지게 파라고 신신당부하며 일렀거늘 글쎄 그 우물의 아래가 우리 집 담을 넘어 마당까지 침범했습니다. 이것은 단순한 실수가 아니라 우리 집을 시샘하여 비방하려는 흉계임이 분명합니다. 어찌 한뿌리에서 나온 형제지간에 이렇게 고의적으로 해코지할 수가 있습니까?"

아들의 말을 묵묵히 듣고 있던 최기영은 한숨을 쉬면서도 겉으로는 태연하게 말했다.

"일꾼들이 서툴러서 그리 되었을 것이니 너무 곡해하지 마라. 설마 그렇게까지 우리를 해코지할 수야 있겠느냐."

"아닙니다. 아버님! 지난번에 죽은 고양이를 우리 집 장독간에 던져 놓은 것도 그 집 소행인 것 같습니다. 도대체 우리 집에서 그들에게 무슨 해를 입혔다고 이리도 시기하고 욕보이는 겁니까? 아버님, 차라리 우리가 멀리 이사하는 것이 어떻겠습니까?"

최기영도 알고 있었다. 4대조인 최의기 때 구렁이가 벼 가마니에 실려 오고부터 유독 이 집안에만 재물이 불어 친척 형제에게 시샘을 받아온 것이 사실이었고 자신도 한두 번 일을 당하는 것이 아니었다. 그러나 드러내 놓고 이야기하자니 친척들 모두가 합세하여 공격해 올 것이 뻔한 일이므로 지금까지 참고 지내 온 것이었다. 이제 또다시 자식들에게 이 수모를 무작정 견디라고 하는 것은 무리라는 생각이 들었다.

최기영이 이사를 고려한 데는 또 하나의 이유가 있었다. 내남면 이조리 개무덤은 그의 7대조인 최진립이라는 거대한 고목이 우뚝 선 곳으로 다른 사람은 감히 빛을 받고 자랄 수 없다는 데 생각이 미친 것이다. "큰 나무 아래에서는 나무가 잘 자랄 수 없다."는 말도 있었다.

그러나 다른 사람들에게는 찾아오는 손님을 모시기에 집이 너무 협소하여 조금 넓은 곳으로 옮긴다고 했다.

가문의 새로운 중심지, 천하 명당 경주 교리

최언경의 외아들인 최기영은 최준의 고조부로 영조 무자년(1768)에 태어난 타고난 풍류객이요 낭만파로 자연의 산수를 좋아하여 마음만 먹으면 여장을 챙겨 금강산, 개성, 가야산, 지리산, 속리산, 태백산 등의 명승지를 두루 다녔다.

그는 경주 최씨의 시조인 최치원 선생을 남모르게 흠모하고 그의 풍류를 따르고자 했다. 명승대천을 두루 유람하며 마음에 드는 곳이면 기약 없이 머물면서 술을 마시고 시를 읊었다. 최기영이 금강산을 유람한 뒤 남긴 다음과 같은 시만 보아도 그의 성품을 짐작할 수 있다.

    금강산 옛 골짜기에 신룡이 산다더니
    황홀하고 기이한 경관 동방에 으뜸이네
    노신선 돌아가자 재촉할까 두려워
    산길 자욱하게 비를 흩뿌리누나

어느 날 최기영과 친구이기도 한 지관이 최 부자의 사랑채를 찾았다.

"내 그렇지 않아도 긴히 부탁하려고 하였는데……. 이 조리의 이 집은 너무 협소하여 손님을 맞이하기에 불편하니 좋은 택지가 있으면 이사를 하려고 생각하오. 그러니 앞으로 우리 둘이 전국의 명산을 돌아보며 집터를 물색하고자 하오만……."

"좋은 생각이십니다. 이 집터도 명당입니다만 찾아보면 어디 명당이 없겠습니까. 더군다나 최씨 가문은 많은 적선을 하였기에 좋은 자리가 반드시 나타날 것입니다."

"그것이 적선과도 관계가 있습니까?"

"그렇지요. 단순히 돈만 있다고 명당 자리가 나타나지는 않습니다."

이튿날 최기영과 풍수는 유람을 떠났다. 최기영은 최씨

의 시조인 고운 최치원 선생의 행적을 돌아보면서 천하의 명당을 볼 작정이었다.

최기영과 지관이 여행에서 돌아온 것은 이조리의 집을 떠난 지 20일 만이었다. 여행에서 돌아온 최기영은 한 달 정도를 손님도 맞이하지 않고 두문불출하면서 몸을 다스렸다.

최기영은 글과 풍류를 좋아하는 선비였지만 과거에는 뜻이 없었다. 그러나 진사까지는 하라는 선대의 유훈이 있었기에 다시 과거 준비를 했다. 사실 넉넉한 재산에다가 학식으로도 누구에게 빠지지 않을 정도로 책을 읽었기에 굳이 진사 시험을 볼 필요가 없었으나 가문의 전통이었고, 고조부와 증조부도 급제하지 못했고 또 조부는 급제하자마자 돌아가신 데다가 부친이 다시 급제를 하지 못했기 때문에 어떻게 하든 급제를 해야 집안의 체면이 서고 구설수에서 벗어날 것으로 생각했다.

최기영이 진사시에 여러 번 실패한 후에 급제한 것은 그의 나이 쉰여덟이 되던 해인 순조 을유년(1825) 봄이었다. 최기영은 오랜 숙제를 마친 듯 홀가분한 마음이 되었다.

최 부자가 진사에 합격하자 수많은 사람들이 하례를 위해 찾아왔다. 이들은 대체로 축하를 빙자하여 기식하려는 나그네들로 최 부잣집의 사랑채에는 몇 달 동안 손님이 끊이지 않았고 잔치가 계속되었다.

그 무렵 지관이 찾아왔다.

"그간 어른이 내려 주신 과제를 해결하느라 전국을 유람하였습니다."

"어디 좋은 집터를 찾았소이까? 그렇지 않아도 이번에 조그만 시험에 입격했다고 어찌나 손님이 몰려드는지 집이 협소하여 곤욕을 치렀소. 전에도 말했지만 좀 더 널찍한 집으로 옮겼으면 하는 생각이 더욱 간절하오."

"소인이 돌아본 바로는 우선 세 군데의 후보지가 나왔습니다. 하나는 경기도 수원의 팔달산 아래 지역이고, 또 하나는 경주 읍내의 교리이며 또 한 자리는 경상도 북쪽 영양의 입암입니다. 이 세 지역 중에서 진사 어른의 마음에 드시는 곳을 정하면 될 것이옵니다."

"허허. 지관이 하나를 정해 주셔야지 내가 뭘 압니까?"

"그렇지 않습니다. 결점이 없는 땅은 없는 법입니다. 하나가 좋으면 또 다른 하나가 기울어 장단점을 가지게 마련입니다. 집 주인의 가치관 즉 인생관이 어떠하냐에 따라 입지가 달라질 수밖에 없기에 지관이 마음대로 정하기가 어렵습니다."

"그렇다면 각 지역의 장단점은 무엇입니까?"

"첫째로 수원은 한양과 가까우면서도 좋은 옥토가 널찍

하게 퍼져 있어 물산이 풍부하고 관계(官界)로 나아가 큰 인물이 날 명당입니다. 그리고 영양의 입암은 태백산의 끝자락이 동으로 막아 주고 소백산의 자락이 서를 막아 주며 남으로는 주왕산이 안산으로 있고 그 가운데로 낙동강 지류가 흘러 전형적인 장풍득수의 표본입니다. 그러나 너무 큰 산들이 간룡을 중심으로 좌우로 늘어서서 다소 풍파가 있을 소지가 있습니다. 끝으로 경주 읍내의 교리는 무난한 곳으로 간룡이 다소 약한 흠은 있으나 안대가 특히 좋고 득수가 뛰어납니다."

최기영은 사흘 동안 곰곰이 생각했으나 어느 하나를 택할 수가 없었다.

"이사를 한다는 것이 한 가문의 장래와도 관계가 깊은 워낙 중차대한 일이라 섣불리 결정하기가 어렵소마는 내 생각으로는 수원은 너무 멀고 또한 우리 가문이 대대로 벼슬로의 진출은 꺼리고 있는 터라 썩 내키지 않고……, 영양 입암 또한 같은 경상도 땅이긴 하나 이곳과 너무 떨어져 있어 논밭 전지를 관리하기가 어려울 터인즉……, 경주의 교리가 그중 마음에 드는 듯한데 지관의 의향은 어떠시오."

"진사 어른의 뜻을 잘 아는 터라 소인도 그렇게 짐작하였습니다."

이렇게 하여 경주의 교리로 이사하기로 마음먹었다. 이튿날 최기영은 지관과 함께 경주의 교리를 찾았다. 반월성을 지나 향교 담을 따라 서쪽으로 가다가 향교의 담이 끝나는 지점에서 남으로 보고 멈춰선 지관이 말했다.

경주의 산세는 크게 보아 남쪽에서 북쪽으로 흘러 동쪽으로 빠져나가는 형산강으로 양분됩니다. 경주의 주산은 토함산입니다. 여기서 뻗어 나온 가지가 서쪽으로는 명활산을 만들고 낭산이 진산이 됩니다. 여기서 맥이 평지의 논밭을 지나 반월성에 이르고 이 반월성이 경주의 중심혈이 됩니다. 서쪽으로는 태백산맥의 대간룡이 청도 운문산 쪽으로 흘러 지맥을 형성하여 선도산이 있고 남쪽으로는 남산, 북쪽으로는 멀리 검단산이 있어 연꽃 형국을 이룹니다.
바로 이곳입니다. 여기가 본채의 마루에서 보는 광경이지요. 이 집터는 원래 신라 시대 때 요석궁이 있었던 터로 저기 반월성 아래 문천 둑에 걸쳐 월정교라는 다리가 있었습니다. 그 다리는 원효 대사가 요석 공주를 만나기 위해 건넜다는 사랑의 일화가 얽힌 곳으로 유명하지요. 원효 대사와 요석 공주의 사랑의 결실이 바로 이두 문자의 창시자인 설총이 아닙니까?
전에도 말씀드린 바 있었습니다만 집터 입지의 기본 조

건은 장풍득수이며, 이를 구체화한 것이 배산임수입니다. 즉, 남향의 집일 경우 북쪽인 집 뒤로는 산이 있고 앞쪽인 남쪽으로는 강이 흐르는 곳, 그곳이 명당이라는 말입니다. 그런데 저기 앞쪽을 보면 문천이 흘러 임수는 되었는데 집 뒤쪽인 북쪽에 배산이 뚜렷하게 보이지 않습니다. 이것이 옥에 티로서 이 터의 아까운 흠입니다.

이 집터 앞으로 흐르는 문천은 원효 대사가 월정교에서 미끄러져 옷을 적셨다는 유서 깊은 냇물로 임수에 해당합니다. 이 물은 동쪽 토함산에서 낭산과 남산 사이로 흘러오다가 반월성 부근에서 휘어져 반월성의 움푹 들어간 부분에서 한 번 모였다가 다시 이곳을 거쳐 서쪽으로 돌아 흘러갑니다. 즉 물이 흘러 들어가되 동쪽에서 들어와서 서쪽으로 흘러가는 소위 동출서류하는 형국으로 물이 흘러야 재물이 모인다는 풍수의 기본에 부합하는 것입니다.

그런데 하나 아쉬운 것은 이 집터 뒤쪽으로 배산이 잘 보이지 않는 것입니다. 대개 명택은 집 뒤로 내려오는 배산의 내룡이 있기 마련인데 이 집터에는 그것이 보이지 않습니다.

그러나 풍수적으로 완벽한 땅은 발견하기 어렵습니다. 그러니 다소의 결함은 인위적으로 보완할 수밖에 없습니다. 이 터는 내룡이 허하기 때문에 이점을 보완하기 위해 집터를 먼저 잡아 놓고 집을 짓기 전에 미리 나무를 심어 두는 방법이 있습니다.

일반적으로 내룡이 험한 바위산으로 되어 있을 때는 바위산에서 내뿜는 살기를 차단하기 위하여 대나무를 심는 경우가 많습니다. 그러나 이곳은 평지이기 때문에 수명이 길고 수형이 좋은 느티나무를 심는 것이 그 허함을 비보하기 위하여 좋을 듯합니다. 이 터는 내룡이 약하기는 하지만 앞의 문천을 건너 앞산에 올라가 살펴보면 동쪽으로 반월성 쪽에서부터 용맥이 내려와 계림을 지나 이곳에서 멈추었음을 분명히 알 수 있습니다. 그리고 무엇보다도 풍수적으로 이 집터의 최대 강점은 안대가 매우 좋다는 것입니다. 이 집의 좌향은 남향으로 임좌가 제격입니다.

지관은 몇 걸음을 옮기다가 한 곳에 우뚝 서서 팔을 들어 앞에 보이는 산을 가리키며 말했다.

"여기쯤이 대문이 들어설 자리입니다. 이 대문에서 바라보면 남쪽의 안대는 물론 경주 남산이지만 그 너머로 남산의 세 봉우리 끝 부분이 보이지요. 이 집터가 명당임을 실증하는 것이 바로 이러한 이중 안대입니다. 일반적으로 양택일 경우에는 안대가 더 중요하고, 음택인 경우에는 내룡이 더 중요합니다. 내룡은 땅 속으로 전달되는 음기이고 안대는 공기를 통해 전달되는 양기이기 때문이지요."

최기영은 그곳으로 이사를 하기로 마음을 굳혔다.

조용헌의 『명문가 이야기』에서도 최 부자의 집터에 대해 이렇게 적고 있다.

풍수적인 안목에서 볼 때 이 집의 최대 강점은 집 앞의 안대가 아주 좋다는 점이다. 이 집 대문에서 정면을 바라보면 경주 남산이 멀리 안대를 구성하고 있다. 그리고 가까운 쪽으로 도당산이라는 야트막한 야산이 겹으로 안대를 구성하고 있다. …… 나는 최 부잣집의 이중 안대를 보고서야 비로소 안도감이 들었다. …… 앞의 도당산 모습도 재물과 관련이 있다. 말발굽처럼 (ㄷ)디귿자 형태로 생긴 야산이다. ㄷ자의 터진 쪽이 집 앞과 일치해 재물이 새어 나가지 않고 쌓이는 형국이다. 도당산 같은 형태를 곡식을 쌓아 놓은 창고사(倉庫砂)로 보는데, 말발굽형 창고사는 그중 최고로 친다. 그런가 하면 도당산 너머로 남산의 세 봉우리가 넘어다 보인다. 세 봉우리의 모습은 둥근 금체(金體)에 가깝다.

10

이루기 힘든 일일수록
자신을 낮추고
겸손한 마음으로 행한다

300년 만석꾼 집안의
열 번째 비밀

　최기영은 이튿날부터 그 땅의 임자가 누구인지 땅값은 얼마인지 알아보기 위해 은밀하게 매입 작전에 돌입했다. 이제껏 누가 알아주지 않던 황량한 빈터에 최 부자가 이사를 온다고 하면 갑자기 땅을 팔지 않거나 값을 터무니없이 비싸게 불러 낭패로 돌아갈 수 있기 때문이었다.

　최기영이 사려고 하는 3만 평 정도의 땅은 경주 향교를 제외한 인근의 땅 대부분이었다. 일부의 땅은 문천 개울 건너의 복숭아밭까지 포함된 것이었다. 그중에서 인근의 농민들이 소유하고 있는 몇몇 필지는 시세보다 두 배 이상의 높은 가격으로 쳐준다고 하면 쉽게 구입할 수가 있었다. 관아의 허가는 큰 문제가 아니었다. 당시의 지방 관아에서는 항상 적자를 면치 못하였기에 지방 부호들의 도움이 필요했고, 최 부자가 경주 읍내로 이사 오는 것을 부윤도 은근히 좋아하고 있었다.

　그런데 문제가 생겼다. 유림에서는 최 부자가 향교 바로 옆으로 이사 오는 것을 달갑게 생각하지 않았다. 유림 모두가 반대하는 것은 아니었지만 전교의 어조는 단호했다.

최 부자의 이사 문제는 이무렵 경주부를 순시하던 어사의 귀에까지 들어가게 되었다. 어사는 경주 부윤으로부터 최 부자가 이사를 하기 위해 향교 인근의 땅을 샀는데 유림에서 논란이 되고 있다는 말을 듣고 이를 해결해 주기 위해 향교를 찾았다. 유림들이 모인 자리에서 자초지종의 전말을 들은 어사는 말했다.

"먼저 최기영 진사는 감히 향교 옆으로 이사를 하려 하면서도 유림의 여러 어른들과 긴밀히 상의하지 않은 점에 문제가 있소. 그러나 최 진사는 누구나 잘 아는 정무공 최진립 장군의 후손으로 대대로 진사에 급제하여 불학무도한 졸부는 아니기에 단순히 부자라고 하여 향교 옆으로 이사를 할 수 없음도 또한 문제가 있소. 자고로 '맹모삼천지교'란 말이 있듯이 향교 가까이로 이사를 하여 자식의 교육을 드높이고자 함이 그 자체로 흠일 수는 없는 것이지요."

"지당하십니다. 어사또 나리. 소인은 정무공의 후예로 예의에 어긋나는 일은 추호도 할 생각이 없습니다. 어사또의 말씀대로 자식들을 향교 가까이에서 자라게 하여 훌륭히 훈육하고자 하는 부모의 뜻을 깊이 헤아려 주십시오. 이사만 하게 해 주신다면 저의 성의껏 어떤 일이라도 감당하겠나이다."

최기영이 이렇게 말하자 전교는 꼬장꼬장하게 말했다.

"어사또 나리의 말씀을 듣고 본즉 이것도 안 되고 저것도 안 되는 양비론이 아니시오."

"그렇소. 둘 다 잘못했으니 문제가 된 것이오. 그러나 누가 보아도 이해가 될 방도가 있으니 양측은 따르겠소?"

"도대체 그 방도가 무엇이오? 말해 보시오."

"세상을 움직이는 모든 법도가 유가의 법도에서 우러나오고 유가를 교육하고 공맹을 모시는 향교가 가장 존중되어야 함은 지극히 마땅하오. 향교와 최씨의 집이 어찌 감히 나란히 설 수 있겠소? 그러나 개인의 땅에 사인이 집을 지을 수 없음도 또한 법도에 맞지 않는 일이니, 이 두 가지 문제를 조화하기 위해서 최씨는 집을 짓되 사가의 집 주춧돌과 기둥을 낮추어 용마루를 향교의 용마루보다 적어도 다섯 자 아래로 낮추어 짓도록 하시오."

이러한 판결에 유림들은 모두 고개를 끄덕였다.

그 자리에 모인 유림들은 설마 용마루를 다섯 자나 낮추고도 그곳에 집을 지을 것이라고 생각하지는 않았다. 그러나 최기영은 머리를 조아리며 말했다.

"나리의 현명한 판단에 어김없이 따르도록 하겠습니다.

소인 또한 명색이 유생인데 어찌 공자님 앞에 참람(분수에 넘쳐 외람됨)할 수 있겠습니까? 그리고 이사를 하려고 집터를 찾는 사람이 어찌 지형을 모르겠습니까? 그러므로 향교를 우뚝 세우고 나머지 인근의 땅을 모두 깎아 낮추고 집의 용마루를 향교의 용마루보다 다섯 자 낮추도록 하겠습니다. 그렇게 하면 결코 향교를 넘보지 않는다는 소인의 본심을 증명할 수 있으리라 생각합니다."

참으로 엄청나고 기상천외한 접근 방법이었다. 최기영은 다시 입을 떼었다.

"그리고 우리 가문은, 진사는 하되 그 이상의 벼슬을 하지 않고, 만 석 이상의 재물을 탐하지 않으며, 흉년에는 결코 땅을 사지 않고, 사방 백 리에 걸쳐 아사자가 없게 하라는 가풍을 가지고 있습니다. 향교를 바로 이웃으로 하는 영광을 누리도록 허락하신다면 이에 대한 보답으로 약소하나마 섣달 그믐까지 미곡 천 석을 유림의 기금으로 희사하겠습니다."

사실 당시 경주 향교의 재정은 말이 아니었다. 청렴을 대의로 삼는 유생들이라 1년의 연비(年費)도 제대로 내는 사람이 적어 궁핍하기 짝이 없었다. 유림 소유의 전답이 있긴 했지만 그 소출로는 매년 여러 번 있는 행사의 최소한 비용도 모자랄 판이었다.

"좋소이다. 어사의 명쾌한 판결에 따라 최 진사의 제안을 수용할까 하니 여러분들의 의향은 어떠시오?"

"어사의 평결도 훌륭하고 최 진사의 뜻도 갸륵하니 최 진사의 이거를 수용함이 마땅하리라 생각되오."

최기영은 지관이 지적한 이 터의 약점을 기억하고 있었다. 이 터는 북쪽으로 내룡이 약하므로 그렇지 않아도 향교에 머리를 숙여 터를 낮추는 방안을 생각했던 참이었다.

어렵사리 땅 문서를 거머쥔 최기영은 우선 향교에 300석의 벼를 보내고 나머지는 차차로 지급할 것을 약조했다. 그때부터 문천 건너에 있는 과수원을 제외한 만여 평의 땅 중에서 우선 큰집과 작은집을 지을 3,000평 정도를 문천 냇가까지 두 자 정도 파서 낮추게 하고 거기서 나오는 흙을 집 뒤편 북쪽에 둔덕으로 쌓게 했다. 3,000평의 넓은 땅을 두 자씩 낮추자 그 흙이 만만치 않아 자그마한 동산을 이루기에 충분했다.

최 부잣집은 이렇게 땅을 낮추고 대들보를 세 자 정도 낮춤으로써 향교 용마루보다 다섯 자 정도 낮추어 집을 짓게 되었다. 이렇게 터를 깎아 낮춤으로써 향교에는 겸손의 덕을 보이고 한편으로는 내룡이 평평하게 내려와 맥이 약한 집 뒤의 둔덕을 높이는 풍수적 효과를 동시에 보았다. 풍수에서는 한 자만 높으면 산(山)이라 하고 한 자만

경주 최 부잣집과 바로 이웃한 경주 향교

낮아도 수(水)라고 부른다는 말을 들었기 때문이다. 이렇게 만든 집 뒤편의 인공 내룡에 먼저 느티나무를 심었다.

이런 정지 작업을 충분히 한 뒤에 최기영은 내남면 이조리의 본가 일부를 조심스럽게 해체하여 교리로 옮겨 와 본가 옆에 작은 집부터 먼저 짓기 시작했다. 헌 집을 뜯어 이건한 것도 고향집에 대한 애착과 함께 향교에 대한 겸양의 숨은 뜻이 있었다.

최 부잣집의 큰집 구조를 보면, 대문을 들어서면 좌우

로 창고와 마판 및 문간방이 있는 대문간 채가 있고, 왼쪽인 서편에 동향으로 아랫사랑채가 있어서 아들들이 기거했다. 정면의 주인이 기거하는 큰 사랑채에는 두 칸의 마루방과 두 칸의 주인 방이 있고 주인 방 뒤쪽으로 침실이 있으며 안채로 들 수 있는 작은 문이 있다. 바깥주인이 기거하는 두 칸 방 오른쪽에 상방이라 하여 어른을 모시는 방이 있고 그 앞에 누각이 있으며 별채로 독선생과 공부하는 방이 있다. 동쪽에는 큰 창고가 있는데 이 창고는 800석의 곡식을 보관할 수 있다. 독사장 별채와 누각 사이로 안채로 들어가는 작은 문이 있어서 대문에서 보면 안채가 전혀 보이지 않는다. 안채 왼편 가장 북쪽의 화단 뒤에는 사당이 있다. 이러한 집 구조는 남녀가 유별했던 중기 조선 시대에서 독특한 건축 방식이다.

부인과 며느리, 딸들이 거처하는 안채도 ㄷ자 형태로 지어졌는데 바로 보이는 정침에 두 칸 마루방과 두 칸 안방이 있고 그 오른쪽으로 침실이 있다. 서편과 동편에 각각 며느리와 딸들의 방이 있고, 정침의 안방 침실 바로 옆으로 주방이 있어 안방 마님이 언제나 주방을 감시할 수 있도록 했다.

당시 부자들의 집은 보통 아흔아홉 칸으로 지었다. 법도

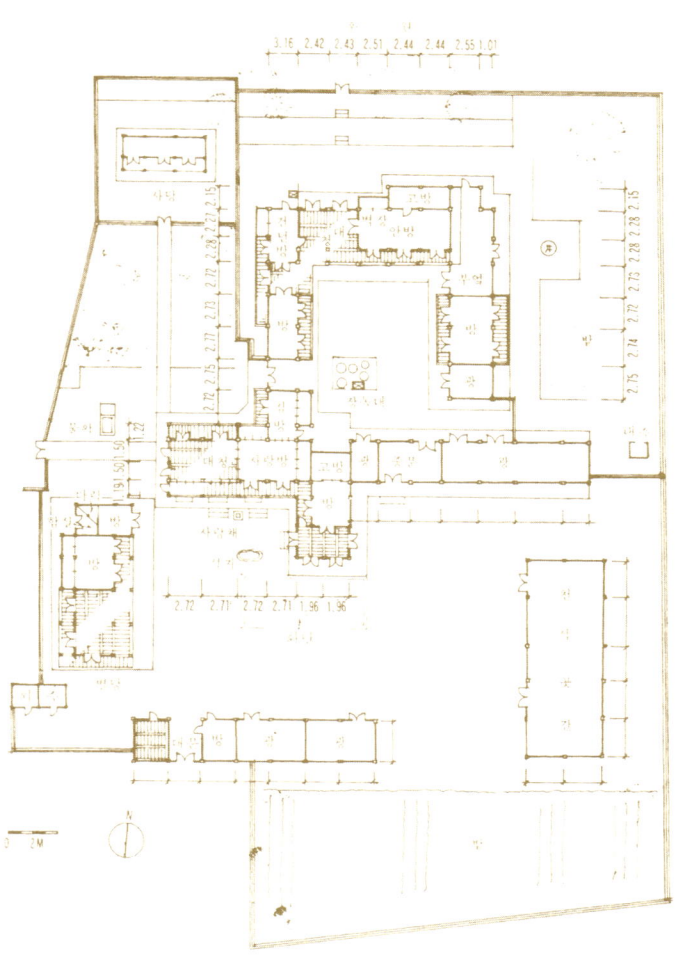

경주시 교동 주택 배치도
(윤장섭, 『한국의 건축』, 서울대학교 출판부, 2002)

에 따라 사가의 집은 아흔아홉 칸을 넘지 못하고 조선 궁궐은 구 백 아흔아홉 칸을 넘지 못하며 중국 천자의 궁전은 구 천 구 백 아흔아홉 칸을 넘지 못하였다.

지방에서는 크게 문제가 되지 않았지만 서울 장안에서는 백성이 짓고 살 수 있는 집의 크기를 엄격히 제한했다. 세종 때 제정된 간각지수 즉, 집의 칸수를 제한하는 법에 의하면 왕의 친자 또는 친형제와 공주는 50칸, 대군은 60칸, 2품 이상의 관원은 40칸, 3품 이하는 30칸, 일반 백성들은 10칸으로 제한했던 것이다. 이것은 벼슬아치들이 필요 이상의 사치를 못하게 하려는 취지였다.

뿐만 아니라 집을 짓는 데 쓰는 재료까지도 엄격하게 통제했다. 즉, 궁궐이 아닌 백성들의 집에서는 주춧돌 외에는 숙석(인공으로 다듬은 돌)을 쓰지 못하게 했고, 화공(花拱)이라 해서 나무에 매화, 난초, 국화, 대나무 등의 무늬를 끌로 파서 아로새긴 조각품을 쓸 수도 없고 진채 단청(진하게 쓰는 불투명한 원색 단청)도 할 수가 없었다. 그러나 효를 숭상했기 때문에 사당은 예외로 인정하고 있었다.

최 부자는 허용된 범위에서 열 칸이 빠지는 여든아홉 칸의 집을 지어 혹시나 있을지도 모를 유림의 비난을 피했다.

가옥 구조를 보면 ㄱ자형의 사랑채, ㄷ자형의 안채, ㅡ자형의 중문가 및 행랑채, 별당, 곳간, 사당 등으로 볼 수 있고 이러한 건물들을 차례로 지었다.

이사를 하면서 최기영은 가족 모두에게 엄중히 일렀다.

"집 뒤에 있는 느티나무를 잘 보존하여야 한다. 만약 이 느티나무가 훼손되는 날이면 우리 집 운세가 끝날 것이니라. 누구라도 이 나무를 꺾는 자는 큰 벌을 받을 것이야."

기록에 의하면 최기영의 아들이 동생과 함께 향교 옆으로 이사했다고 한다. 이 사실로 보아 최기영 대에 터를 잡고 서서히 옮겨 짓기 시작하여 아들 대에 완전히 이사한 것으로 볼 수 있다.

11 주변에 사람들이 끊이지 않게 하고 항상 후하게 대접한다

300년 만석꾼 집안의 **열한 번째 비밀**

최기영은 나이가 들어서는 고향 이조리 서북쪽 내남의 와룡산에 정자를 짓고 나무와 화초를 심고 샘을 파서 경관을 조성하고 책을 읽으며 새집을 짓는 현장에서 하루

종일 구경하며 유유자적했다.

경주 최 부자 중에서도 가장 낭만적이며 풍류를 알고 학식이 풍부했던 최기영은 많은 시문과 여행기 등을 남겼다.

그의 집에는 항상 손님이 끊이지 않았고 그때 또 하나의 가훈이 정착되었다. "과객을 후하게 대접하라."

과객은 오늘날의 여행객이다. 조선 시대에도 오늘날의 여관이나 호텔과 같은 주막이나 객사, 객관 등이 있었으나 부잣집이나 양반집에 들러 무료로 숙식을 해결하는 경우가 많았다.

그런데 이 과객 중에는 풍류객이나 학문이 깊은 선비도 있었고 무인도 있었다. 그들은 대체로 지식인들이었고 세상 물정이나 인심과 지방의 사정을 살피면서 이곳저곳으로 소식을 전해 주는 역할을 했던 것이다. 즉, 교통과 통신이 발달하지 못했던 당시에 이들 과객은 정보 교환을 해 주는 역할을 담당했다.

"과객을 후하게 대접하라."는 가훈은 과객을 차별 없이 대접하여 인심을 얻고 동시에 지식과 문화 교류를 통해 다른 지방의 정보를 얻고, 집안을 널리 알리기 위한 것이었다.

이렇게 나그네를 잘 대접하는 가풍이 있어서 경주 인근을 지나는 선비들이나 호족들은 일부러라도 꼭 최 부잣집에 들렀다. 나그네들이 최 부잣집을 찾는 또 다른 이유는 이 집에서는 마음 놓고 글씨를 써 볼 수가 있었기 때문이다. 당시만 하여도 좋은 종이에 글씨 한번 쓰기가 쉽지 않았다. 종이 값이 워낙 비쌌기 때문이다. 그런데 최 부잣집에서는 질 좋은 한지와 화선지를 집에서 직접 생산하여 썼기 때문에 평소에 갈고 닦은 글씨 자랑을 마음껏 해 볼 수 있었다.

많을 때는 하루에 백 명의 손님을 치를 때도 있었다. 매년 만석꾼 소득 중 10분의 1인 천 석 정도는 이렇게 접빈의 비용으로 쓰였다. 여러 지역에서 풍문으로 듣고 오는 과객들이 많았지만 경상도 출신으로 서울의 관직에 있는 사람들도 많아서 고향에 들르는 길이면 꼭 최 부잣댁에 들러 중앙의 정치나 경제 물산 등의 흐름을 일러 주는 사람들이 있었다. 최씨 가문은 이렇게 과객을 후하게 접대함으로써 가만히 앉아서 전국의 소식을 들을 수 있었다. 오늘날의 의미로 보면 정보를 널리 수집하여 합리적 판단을 할 수 있었고 가문도 널리 알릴 수 있었던 것이다.

최 부잣집에서는 또한 어떠한 사람이라도 정성을 다해 극진히 대접해야 하고, 노소는 구별하되 귀천이나 빈부는 결코 가리지 말고 대접할 것을 엄명했다.

그러나 손님의 부류를 전혀 구별하지 않은 것은 아니

다. 집에 오는 손님도 그 지위에 따라 대체로 세 부류로 나누었다. 일가친척이나 사돈 명가집 인사 등은 상객이고 대체로 미리 약속을 하고 온다. 이들은 사랑채에 모셔 특별히 대접한다. 그 다음이 중객으로 누구누구 집안 사람이라면 다 알 만한 사람을 말한다. 이들은 최 부잣집 가문과 직접 관련은 없지만 양반집 사람으로 작은집이나 4촌들의 사랑채에 모신다. 마지막으로 하객은 이름 없는 선비로 행색이 초라하고 대체로 잠자리와 식사를 해결하려고 들른 사람들이다. 이런 사람들은 집 근처의 하인들이 살고 있는 초가집으로 안내된다.

그때 이들이 작은 쌀통에서 쌀을 한 줌 집어 들고 하인 집으로 가면 하인들은 최 부잣집 손님으로 알고 밥을 지어 주고 잠자리를 내준다. 그런데 이 쌀통은 참으로 희한한 것으로 가로 세로 석 자에 높이가 넉 자 정도 되는 나무로 만든 상자인데 위쪽에 지름이 다섯 치 정도의 둥근 구멍이 뚫려 있었다. 손님들이 직접 쌀을 한 주먹 쥐고 하인 집으로 가는 것이다. 욕심을 부려 두 손을 넣어 쌀을 많이 움켜쥐면 손이 빠지지 않아 할 수 없이 적당량을 집을 수밖에 없다. 물론 이것은 한 번만 허용되어 있었다. 이것은 과객들이 최 부잣집의 손님이란 것을 알리고 모든 것을 쌀로 통제하려 했으며 또 한편으로는 욕심을 부리지 말라는 경고이기도 했다.

  상객이나 중객, 하객 할 것 없이 모든 손님에게는 독상으로 대접했다. 그래서 최 부잣집 문간에 있는 작은 창고에는 약 100여 개의 상이 쌓여 있었다. 다만 반찬에는 차이가 있었다. 상객은 매끼 과매기(겨울에 그늘에서 말린 청어)를 한 마리씩 주고, 중객에게는 반 마리, 하객에게는 4분의 1마리를 주었다.

  최 부잣집의 1년 동안의 소작료는 벼로 치면 만 석이 채 못되고 쌀로 치면 4,000석 남짓 되었다. 주변의 어려운 사람을 도와주는 데 벼 1,000석을 쓰고, 손님 접대로 1,000석을 썼다고 하니 과객의 수를 짐작할 만하다. 또한 하룻밤을 묵고 떠나는 과객을 빈손으로 보내지 않았다. 그들이 하루를 지낼 양식과 약간의 노자까지 주어 보낸 것이다.

  그런데도 집안의 맏며느리는 저녁 굶기를 다반사로 했다. 그 이유는 이를테면 그날의 손님과 식솔들의 밥을 대충 60명분으로 잡고 밥을 지었는데 갑자기 손님이 늘어나면 맏며느리는 고스란히 굶게 마련이었기 때문이다.

12. 자신을 낮춰 상대가 경계하지 않도록 한다

300년 만석꾼 집안의
열두 번째 비밀

최기영에게는 아들 둘과 딸 넷이 있었다.

장남 최세린은 정종 신해년(1791)에 태어나 스물여섯 살 때 성균 생원에 급제했으나 조상의 뜻에 따라 벼슬에 나아가지 않았다. 그는 초야에 은거하며 학문에 정진했다.

그러나 최세린은 생원이 된 후에도 전시에 세 번이나 응시했으나 실패했고 참봉에 두 번 추천되었으나 왕명을 받지 못했다. 이런 점으로 보아 그는 정치적 포부와 야망을 가지고 있었음을 엿볼 수 있다.

최세린은 풍모가 의젓하며 재능이 뛰어나고 도량이 넓었으며, 속되지 아니하여 향리에서 칭송을 받았고 조상의 뜻을 받들기 위해 선조의 유적에 관계되는 일이면 심혈을 기울여 직계 조상의 보첩과 행장, 묘비문을 모아 후손에게 전했다.

이렇듯 최세린은 인품이 깔끔하고 여러 선비들과 사귀었으며 아버지 최기영을 모시고 경주 향교 옆 교촌으로 이사했다. 조상의 정신을 묵묵히 지키며 살다 간 최세린은 현종 병오년(1846)에 아들을 얻지 못하고 세상을 떠났다.

최세린의 아호인 '대우(大愚)'는 '크게 어리석어라.' 라는 뜻이다. 스스로 어리석음을 자처함으로써 상대방의 경계심을 없애고자 하는 것이다.

이는 중국의 격언인 '가치부전(假痴不癲)'이라는 말과 상통한다. 짐짓 어리석은 척하면서도 정신은 바짝 차리고 있어서 자신의 재능이나 식견을 감춘다는 말이다. 상대방이 강할 때 그 경계나 배척을 회피하면서 자기를 보존하고 조건이 성숙될 때까지 참고 기다리며 일부러 멍청하거나 딴전을 부리는 편이 아는 체하고 나서는 것보다 유리하다는 것이다.

사마천의 『사기』에 다음과 같은 말이 있다. "실속 있는 장사꾼은 상품을 깊이 간직하여 가게는 빈 것 같고, 훌륭한 덕을 가진 선비는 얼핏 보아 용모는 어리숙한 것 같다."

중국 고사에서 내려오는 전략 중 하나를 예로 들면 다음과 같은 것이 있다.

삼국지에서 사마의가 동북 지방을 평정하고 구국의 원로 대장군으로 개선한 것은 위나라 명제 때(239)의 일이다. 그때 명제는 임종의 자리에 누워 있었다. 명제는 왕족이며 대장군인 조상과 사마의를 불러 앞힌 자리에서 어린 황태자 조방을 도와 달라고 눈물로 후사를 부탁하며 세상을 떠났다. 조상은 왕족의 대표로 사마의를 무시하며 오만한 태도를 취하였다. 그러나 예순세 살의 고령인 사마의는 겸손한 자세로 어리석은 듯이 있었다. 조상 일당은 왕궁을 마음대로 좌지우지했다. 그러나 한편으로는 사마의의 동태가 늘 마음에 걸려 심복 부하인 이승에게 그의 동정을 살피러 보냈다. 이승이 사마의를 방문했을 때 그의 모습은 너무나 초라했다. 기억력이 없어 말에 조리가 없었으며 노망한 것처럼 보였다. 조상은 이승의 이런 보고를 받자 오히려 불쌍히 여기며 방심했다. 그 뒤 어린 황제가 멀리 성묘를 떠나 도성이 비었을 때 사마의는 수도의 요충을 모두 장악했다. 이렇게 하여 사마의는 권력을 쥐었으며 후일 그의 손자인 사마염이 정식으로 진나라를 세우고 삼국을 통일했다.

 벼슬을 향한 허망한 꿈

최세린의 동생 최세구는 순조 기사년(1809)에 태어나

서른두 살에 생원시에 급제했으나 마찬가지로 벼슬에 나가지 않았다. 그러나 그의 행장에서 보면 형과 마찬가지로 조정에 나아갈 뜻이 강했음을 엿볼 수 있다. 이러한 성향은 형과의 지극한 우애와 교감에서 비롯된 것이라 할 수 있다. 그들이 주고받은 편지가 수백 통이나 있을 정도이다.

최씨 가문 선대들의 편지 모음집에는 모두 891통의 편지가 수록되어 있는데, 그중에서 이 형제가 주고받은 편지가 무려 500통이 넘는다.

이 편지 중에는 형제간에 주고받은 편지가 가장 많고, 다음으로 아버지와 친족들에게 보내는 편지 등과 함께 신참판, 홍참판, 민승지, 홍승지, 김승지, 김교리, 대감, 부사 등의 무수한 사람들에게 보내는 편지와, 받는 사람은 분명하지 않지만 사동, 정동, 명동, 안동 등의 서울 지명이 많이 나오는 것으로 보아 서울의 벼슬 있는 가문과 교유가 많았음을 알 수 있다.

최세구는 일찍이 생원시에 급제하고도 충양 별선에 참여했으나 뜻을 이루지 못했다.

지극히 따르던 형이 죽자 그는 애통함과 외로움에 어찌할 바를 몰랐으며, 가문이 쇠퇴함을 몹시 개탄했다고 한다.

이 형제와 교유하던 많은 사람들은 그의 인품과 학문을

아끼며 벼슬 길에 나가도록 권유했다.

그는 헌종 무신년(1848)에 유지를 이루고자 한성에 올라갔으나 입경한 지 불과 이틀 만에 우연히 병을 얻어 갑자기 죽었으니 최세린이 죽은 지 2년이 지나서였고 그의 나이 겨우 마흔 살이었다.

이것은 최 부잣집 가문에 내린 하나의 경고였다. 조상 최진립으로부터 받은 "진사는 하되, 벼슬은 하지 말라."는 가훈을 잊고 벼슬에 욕심을 낸 탓이라 할 수 있다.

그는 아들 하나와 딸 하나를 두고 있었는데 아들 만희는 큰집으로 출가시켰다.

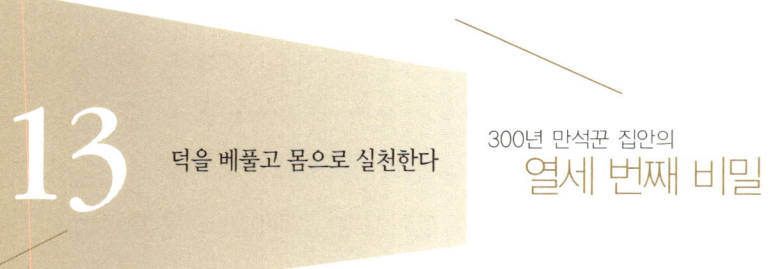

13 덕을 베풀고 몸으로 실천한다

300년 만석꾼 집안의
열세 번째 비밀

양자로 들어간 최만희의 아들인 최현식은 철종 갑인년(1854)에 태어났다.

최현식은 나이 스물여섯 살에 아버지를 여의고 젊은 나이에 집안일을 맡았지만 홀로 된 어머니를 정성을 다해 섬기고 과객들을 한결같이 너그러이 대했으며, 남의 급한 일을 구제하되 보답을 바라지 않았다.

고종 무자년(1888) 봄에 동생과 함께 진사시에 나란히 급제하여 5년 뒤에 경릉(덕종 내외의 능) 참봉이 되어 직무를 수행하다가 어버이를 섬길 날이 멀지 않았다고 사직하고 돌아왔다.

마지막 최 부자인
최준의 아버지 최현식 진사

그런데 이듬해인 1894년 고종 31년에 동학 혁명이 일어났다. 삼남 지방은 온통 난리에 휩싸이게 되었다.

동학당이 전라도를 벗어나 전국 각지에서 봉기한 것은 그해 9월 들어서부터이다. 그해 11월 경주 지방에서는 동학의 접주는 아니지만 기계 지방에서 구물천이란 사람이 스스로 활빈당 두목이 되어 불평이 있는 농민을 규합했다.

구물천이 이끄는 무리는 흥분한 농민들을 모아 이리저리 떼지어 다니며 불을 지르고 약탈과 살인을 서슴치 않으면서 재물을 빼앗아 일부는 사취하고 일부는 백성들에게 나누어 주며 의적을 자처했다.

경주 부윤 민치헌과 이방은 재빨리 자리를 피해 관사로 돌아와 재물을 챙겨 도망갔다. 굶주림으로 성난 폭도들은 분탕침살(재물을 없애고 사람을 죽임)했기에 지방의 사족들은 전전긍긍하며 도주하거나 재물을 내어놓고 사정하며 빌기도 했다.

이튿날 구물천이 이끄는 100여 명의 폭도들은 물밀 듯이 쇄도하여 관헌이나 군졸들이 모두 도망치고 없는 경주 영문을 단숨에 점령했다.

그들은 창고를 열고 쌀 가마니를 헐어서 몰려온 주민들에게 나누어 주고 군데군데 불을 질렀다. 그때 군중 속에서 누군가가 외쳤다.

"교리로 가자! 최 부잣집으로 가자!"

군중들은 더 이상 따지지 않았다. 누군가가 선동하고 대장이 승인하면 즉각적으로 행동에 옮겼다. 경주 관아를 점령하고 무기까지 손에 넣은 그들은 사기가 충천했다. 그들은 단숨에 계림을 건너 최 부잣집에 닿기 전에 먼저 사마소를 불태우려고 몰려갔다. 사마소의 사마는 진사의 별칭으로 경주 일원에서 진사 급제를 한 양반들이 출자하여 만든 정자이다. 십시일반으로 모금했다고 하나 건립에

경주시 교동 문천 옆에 있는 사마소

들어간 자금의 대부분은 최 부잣집에서 부담했기에 사실상 최 부자의 서고로 쓰이면서 이따금씩 인근의 선비들이 모여 시회(詩會)를 여는 곳이었다.

사마소는 지금은 허물어져 없어진 월정교 바로 앞 문천가에 자리잡고 있었다. 근년에 이 사마소는 월정교 복원을 위해 서쪽 재매정 가까이로 이건되었다.

폭도들이 몰려와 사마소에 불을 지른다는 소식을 들은 경릉 참봉 최현식은 하인들에게 우선 대문을 지키도록 하고 황급히 사마소 쪽으로 갔다.

활빈당 무리들이 몰려온다는 소문을 들은 사람들은 모두 최 부잣집으로 달려가 집을 에워싸고 방어 태세를 취했다. 폭도들은 다짜고짜 사마소에 불을 당겼다. 사마소의 처마 끝이 불에 타고 있었다. 일부 하인들은 황급히 물을 길러 나섰다.

그때 최 부잣집 소작인들과 하인들이 나서며 말했다.

"도대체 이 댁이 무슨 잘못이 있다고 이런 일을 벌이시오? 최 부자 덕분에 우리 모두 목숨을 부지하고 있소. 그러니 제발 진정하시오."

"썩 비키지 않으면 모조리 죽이겠소. 부자 치고 도둑놈 아닌 자가 어디 있겠소."

"여기서 사방 백 리 안에 사는 사람 치고 흉년에 최 부잣집에서 얻어먹지 않은 사람이 있는지 물어보시오."

모여 있는 이들이 하나같이 이에 동조하자 폭도들은 다소 동요되는 듯했다. 그때 진사 최만선이 앞으로 나섰다.

"여러분의 수장이 누구시오?"

키가 큰 장골 하나가 사람들 앞으로 나섰다.

"우리는 동학당과는 관련 없는 활빈당이오. 세상은 모두 썩었소이다. 관아의 관리는 모두 탐관오리들뿐이고, 번지르르한 부자는 모두 도둑놈들이 아니오. 어찌 최 부자만 도적이 아니라고 하시오? 우리는 도적에게 빼앗긴 재물과 권리를 찾고자 함이오."

"죄가 있다면 사람에게 있지, 집이 무슨 죄가 있겠는가! 내게 죄가 있다면 나를 벌하고 집은 불태우지 마시오. 그렇지 않거든 조용히 물러가시오."

최 부잣집 하인들은 갑자기 들이닥친 80여 명의 불청객 손님들을 접대하기 위해 마당에 멍석을 깔고 군데군데 장작불을 피우고 소를 잡아 술상을 내오기 시작했다.

굶주린 농민들은 감탄하지 않을 수 없었다.

동학난이나 활빈당 등의 난리 와중에도 최 부잣집은 불타지 않고 온전히 재물을 지킬 수 있었던 비결은 무엇인가? 그것은 선대 때부터 아랫사람이나 가난한 이웃에게 베풀어 온 덕 때문이라 할 것이다.

14 2등을 위해 1등만큼 노력한다

300년 만석꾼 집안의
열네 번째 비밀

활빈당의 난리를 무사히 넘긴 최현식 진사는 광무 신축년(1901)에 다시 왕릉을 축조하라는 명을 받고 임금의 장례에 쓰이는 기구의 공사를 마친 후로는 더 이상 벼슬을 하지 않았다.

어느 날 최현식은 자식을 모두 불러 말했다.

나는 이미 을사조약 때부터 국운이 쇠퇴하였음을 알았다. 경술년 이후 이제 국권이 완전히 상실되었으니 슬프기 그지없다. 이러한 상황에서 취할 행동은 크게 세 가지가 있을 수 있다. 하나는 나라를 찾기 위해 적극적으로 나서는 방법이고, 또 하나는 일본에 순응하여 협조하는 방법이며, 마지막 하나는 이도저도 아닌 것으로 잠자코 지내는 방법이다.

그런데 우리 집안은 여느 집과는 다르다. 정무공 할아버지 이후 10대가 넘게 양반 가문으로 체통과 재물을 지녀

왔기에 섣불리 처신할 수 없다. 그러나 나라가 없어진 판국에 사사로운 재물이 무슨 소용이며 그 재물인들 보전할 수 있겠느냐. 우리 가문에서는 일찍이 의(義)를 존중해 왔다. 의를 잃고 재물을 쌓으면 그 재물은 얼마 가지 않아 없어지고 만다. 그러니 우리 가문이 나아갈 길은 그 첫째가 의니라. 그러므로 무엇이 의인지를 신중히 찾고 그 의를 위해 모든 것을 바쳐야 할 것이니라.

일찍이 우리 가문의 선조가 진사는 하되 벼슬을 하지 말라고 한 것도 바로 욕심을 버리고 정쟁에 휘말리지 말라는 뜻이었느니라. 어느 정파이건 그 주장하는 바를 들으면 옳은 바가 있으나 반대 정파의 주장을 들으면 그 속에도 역시 일리가 있으니 완벽한 한 가지는 없느니라. 그러므로 좌우에 치우침이 없이 바른 쪽으로만 가는 것이 정도이고 또한 그것이 중용의 도가 아니겠느냐.

그러나 중도의 길이 그리 쉽지만은 않을 것이다. 때로는 우유부단하고 줏대 없다는 말도 들을 것이고, 때로는 기회주의자라고 비웃음을 받을 수도 있을 것이다. 그러나 양반의 체통을 세우며 오늘과 같은 재물을 보전하기 위해서는 버리는 것도 있어야 한다. 오죽하면 조부의 호가 대우였고, 나의 호가 둔차이겠느냐. 대우가 무엇이냐? '크게 어리석다.'는 말이 아니냐. 조부님이 스스로 크게 어리석

최현식의 회갑연 모습(1914).
오른쪽 앞에 흰색 두루마기를 입은 이들이 최준의 형제이다.

다고 자칭한 것은 결코 어리석어서가 아니다. 그리고 둔차는 무엇이더냐? '재주가 둔하여 으뜸가지 못하고 버금간다.'는 뜻이 아니냐. 그러므로 너무 똑똑하거나 으뜸가는 것을 추구하다가는 다른 큰 것을 잃을 수도 있을 것이다. 큰 일을 정할 때는 항상 이 점을 명심하거라.

최현식의 호가 둔차(鈍次)라는 것은 중요한 의미를 갖는다. '1등보다는 2등', '어리석은 듯 드러나지 않고 버금감'은 최 부잣집의 가풍과도 일치하는 것이다.

이것은 하나의 역설이라고 할 수 있다. '둔(鈍)'이란 '무디다'라는 뜻으로 어떤 사실이나 사건에 대해 과잉 반응을 하지 않는다는 의미이다. 살면서 모든 일이 마음먹은 대로 되지 않는 것은 당연하고, 계획이 지연되거나 믿었던 사람에게서 배신당하는 경우도 많다. 그러나 이러한 어려운 상황에서 너무 민감하게 과잉 반응하면 정신적으로 혼란에 빠져 오히려 실수를 저지를 수 있다는 것이다. 이것은 육연 중의 '득의담연'이나 '실의태연'의 정신과도 상통한다고 하겠다.

오늘날 우리 사회에는 '1등주의'가 팽배해 있다. 이러한 1등주의의 결과 심지어 어린아이가 초등학교에 들어가기도 전부터 온갖 과외와 훈련으로 개성을 키우지 못하고 경쟁으로 희생되기도 한다. 이것은 어린아이의 탓이 아니라 부모들의 그릇된 '1등주의' 극성 때문인 것이다.

우리나라 대기업들은 대부분 기본적으로 '1등주의'에 이념의 바탕을 두고 있다. 이러한 1등주의는 경영자적인 측면에서 종업원들을 독려하고 채근하여 능률을 올리려는 목표로는 유용할 수 있다. 특히 오늘날과 같은 국경 없는 글로벌 시대에는 '세계 1등'만이 시장을 선점하고 우뚝 설 수 있는 것이 사실이다.

1등이란 그야말로 하나뿐이다. 1등이 아니면 만족하지

못하는 사람은 평생을 불만 속에서 불행하게 살 수밖에 없다. 또한 1등을 했더라도 만족은 잠시뿐이고 바로 그 순간부터 끝없는 도전에 시달리게 된다. 견제와 시기, 질투, 모함, 음해 등이 기다리고 있다. 1등을 하기 위해서는 이 모든 것을 참고 이겨야 한다.

그에 비해 2등은 편안하다. 남의 눈에 두드러지지 않고 경쟁에서 약간 비켜 설 수 있으며 시기와 모함과 질투를 적게 받는다. 그러면서도 유복하다.

그러나 2등도 결코 쉽지는 않다. 1등에 다름없는 노력을 기울이지 않으면 안 된다. 그러므로 '2등을 하라.'는 말은 '노력을 적당히 하라.'는 의미가 아니라 '1등이 못되고 2등이 되더라도 만족하라.'는 의미이다.

이것은 바로 최씨 가문에서 추구하는 적정 만족의 원리와 상통한다. 스스로의 분수를 알고 적당한 수준에서 만족할 줄 아는 자세, 그것은 "만 석 이상은 하지 말라."라는 가훈과도 일맥 상통한다. 이렇게 스스로 만족하며 겸양할 때 남을 배려하는 마음도 생기고 함께 사는 정신도 생기는 것이다.

제4부
가치 있는 일을 위해 300년 부를 버리다

마지막 최 부자, 최준

경주 최 부자는 최진립과 그의 아들 최동량이 세운 기틀에서 최국선으로부터 시작하여 최의기, 최승렬, 최종률, 최언경, 최기영, 최세린, 최만희, 최현식에 이어 10대인 최준에 이르러 드디어 부자의 막을 내린다.

그렇다면 최준은 10대에 걸쳐 내려오던 만석의 부를 어떻게 마감하게 되었는가? 이러한 문제를 추적해 보면 거꾸로 그의 선대들이 부를 지킬 수 있었던 방법도 함께 찾을 수 있을 것이다.

10대 만석꾼, 마지막 경주 최 부자 최준은 고운 최치원

마지막 최 부자 최준

선생의 28대 손이며, 청백리 정무공 최진립의 11대 손이자, 진사 최현식의 4남 2녀 중 장남으로 고종 21년(1884년 7월 28일)에 경주 교촌에서 태어났다.

최준은 다섯 살 되던 해부터 먼 친척인 최현필을 독선생으로 하여 경서와 사기, 제자백가서를 사사하여 두루 섭렵하고, 붓글씨도 배웠다. 최현필은 정시(대궐 안마당에서 보는 과거 시험)에서 문과 급제하여 정9품인 승문원 정자를 거친 학자였다.

1894년 7월 27일에 새로 구성된 김홍집 내각은 갑오경장을 단행했다. 김홍집 내각의 군국기무처는 그해 8월 31일에 종래의 과거 대신 전고국조례를 발표하고, '문벌 및 반상의 등급을 벽파하고 귀천에 구애되지 않고 인재를 선용할 것'을 실현하기 위해, 보통 시험과 특별 시험을 실시하기로 했다. 이것으로 고려 광종 이래 900여 년 동안 실시해 오던 과거 제도는 막을 내리게 되었다.

과거 제도를 폐지한 것은 신제도를 도입하는 일환이었지만 무엇보다도 당시의 매관매직 풍조가 극에 달해 있었기 때문이다.

1898년 어느 날, 최준은 재종조부인 최만선을 따라 경기도 포천에 있는 최익현 선생의 집에 다녀왔다. 재종조부 최만선은 최준의 어린 시절에 가장 많은 영향을 준 사람이라 할 수 있다. 최만선은 문중의 주손인 어린 그가 여러 문중과 교유하여 법도를 익히고 처세의 눈을 뜨게 하기 위해 항상 데리고 다니며 문중의 어른들에게 인사를 시켰던 것이다.

  면암을 만나고 돌아온 최준은 국내 정세의 엄청난 변화를 실감했고, 특히 새롭게 생기는 사립 교육 기관에 대한 호기심으로 가득 차 있었다. 열다섯 살의 최준은 아버지에게 신식 학교에서 공부하게 해 달라고 간청하기도 했다.

  그해 1898년 가을 어느 날, 최현식은 최준을 불러 앉혔다. 거기에는 당숙 되는 최현규와 어머니도 함께 있었는데 최준의 혼사 문제 때문이었다.

  최준에게는 너무도 뜻밖의 말이었다. 감역을 지낸 바 있었던 당숙 최현규가 말했다.

  "우리 집안의 주손인 네가 나이가 들도록 혼처를 정하지 못하여 가문 사람들의 걱정이 이만저만 아니었다. 그러던 차에 내 이번에 한양에 과거를 보러 갔다가 객사에서 우연히 한 양반을 만났다. 그 사람은 바로 안동 오미동에 사는 풍산 김씨 학호 봉조 가문의 후예인 정섭 공이다. 통성명을 하고 이런저런 이야기를 하다가 마침 공에게 과년한 딸이 있다기에 나에게도 과년한 미성의 조카가 있다 하여 서로 이야기가 통하여 혼약을 하고 왔다. 우리 가문이 그러한 가문과 사돈을 맺는다면 결코 부끄럽지 않을 터라 너의 어른에게도 상의하지 않고 내가 결정하였느니라."

당숙은 최준은 물론이고 아버지와도 한마디 의논도 없이 혼사를 언약하고 온 것이었다.

"풍산의 오미동이라면 더 이상 물을 것이 없다. 오미동이란 풍산 김씨의 여덟 형제 중 다섯 형제가 문과에 급제하여 인조대왕이 크게 칭찬하여 지어 준 이름이다. 그 집안의 규수라면 더 이상 알아보고 조사할 것도 없느니라. 오늘부터 서둘러 혼사 준비를 할 터이니 그리 알고 있거라."

아버지의 말은 단호했다. 처음부터 아들의 의사는 들으려 하지 않았던 것이다.

최현식은 여러 번 신식 공부를 하겠다고 조른 적이 있던 아들이 세상의 변화에 민감하여 혹시나 집 밖으로 뛰쳐나갈 것을 우려했던 것이다. 최준은 그해 동짓달에 풍산 김씨 김정섭의 딸과 혼인했다.

최준이 결혼한 이듬해에 재종조부 최만선이 향년 쉰아

홉의 나이로 세상을 떠났다. 그의 학문의 깊이와 인품이 세상에 드러나지는 않았지만 그는 초야에 묻혀 살면서도 뭇 사람들에게 존경을 받았다.

장례 행렬은 10리에 이르렀다. 신혼 생활에 이어 삼년상을 치르는 동안 최준의 신식 공부에 대한 열망은 조금씩 식어 갈 수밖에 없었다.

마지막 최 부자 최준은 19세기가 저물고 한 시대가 변화하는 큰 물결 속에서 태어나 변혁의 격랑에 휘말리게 된다.

최준에게 있어서 최익현을 비롯한 여러 유지들의 영향은 과거와 같은 평안한 시절이었다면 큰 힘이 되었을 것이다. 그러나 시대의 전환점에서는 오히려 역류하는 수구의 저항이 될 수도 있을 것이다.

최준의 가문에서는 그때 이미 300년에 가까운 전통을 유지하고 있었기 때문에 한 세기가 바뀌고 한 왕조가 바뀌는 시대적 흐름의 변화에 능동적으로 대처하면서 상황을 이끌고 가지 못했다.

최씨 가문이 그토록 오래된 부자가 아니었다면, 그리고 최준의 아버지가 변화하는 환경에 보다 능동적이었다면 최준은 신식 공부를 하고 유학도 할 수도 있었을 것이다.

전 재산을 바칠 필생의 사업을 찾은 마지막 최 부자

몇 년 후 최준의 집에 특별한 손님이 찾아왔다. 바로 경북 영덕 출신으로 왜놈을 잡는 귀신이라고 소문난 신돌석 장군이었다. 그는 명성황후 시해 사건이 일어나자 이듬해 열아홉 살의 새파란 나이로 울진군 평해면에서 평민 출신으로는 드물게 의병을 일으켜 일본군의 최신식 무기에 대항하여 싸웠다.

최 진사는 작은집 사랑채 뒤의 골방을 비우게 하여 신돌석이 다른 과객들과 마주치지 않게 했다. 작은집에는 쪽문이 나 있어서 은밀히 통행할 수 있어 보안을 유지하기에는 안성맞춤이었다.

이제 스무 살이 된 최준은 자신보다 일곱 살이 위인 신돌석 장군의 엄청난 힘에 압도되었다. 최준은 이따금씩 신돌석이 묵는 방에 들러 그의 무용담을 들었다.

신돌석이 잠시 머물다 떠나고 난 뒤 최준은 또 한 차례의 심한 공허감을 느꼈다. 신돌석은 열아홉의 나이에 이미 의병장이 되어 혁혁한 공을 세운 데 비해 자신은 아무것도 한 일이 없는 것처럼 느꼈기 때문이다.

최준이 이렇게 자신의 진로에 대해 고민하고 있을 때 작은집의 자형인 박상진이 찾아왔다.

박상진은 이미 한학을 걷어치우고 허위 선생 문하에 들어갔다. 왕산 허위는 경북 선산군 구미면 임은리의 대대로 유학을 하는 가문에서 태어나 일찍이 을미년(1895)에 일본이 명성황후를 시해하는 만행을 저지르자 이듬해 3월에 의병 수백 명을 규합하여 금릉군 무기고를 탈취하여 서울로 올라가다 관군과 치열하게 싸운 인물이었다. 그는 허위의 문하에서 장차를 대비하여 정치, 병학 및 역사서를 읽었다.

박상진은 스승 허위가 죽기 1년 전인 1907년에 양정 의숙에 들어가 한 해를 수료하고, 판사 시험에 합격하여 평양 법원으로 발령을 받았으나 곧 바로 사직서를 내고 만주로 떠나 주위를 놀라게 했다.

어느 날 최준이 신학문을 배우지 못하고 시골에 눌러 있는 것에 대해 불만을 토로하자 박상진이 말했다.

"겉으로 이름을 내려고 너무 조급히 행동하지 않는 것이 좋을 거야. 자네는 틈이 날 때마다 『중용』을 읽게. 『중용』에 보면 '하늘이 물(物)을 살아가게 함은 반드시 그 재질에 따라 돈독히 한다.'는 말이 있지 않은가. 그래서 온갖 생명체가 각기 어우러져 살아가며 조화를 이루는 것이지. 자네는 다른 사람들이 갖고 있지 않은 것을 갖고 있지 않은가. 그러므로 의롭게 하는 일이라면 설사 이름이 숨

겨지면 어떤가. 자신에게 떳떳하고 부모에 떳떳하고 나라에 부끄럼이 없으면 그것으로 할 일을 다한 것이네."

그날 이후 최준의 서궤에는 언제나 『중용』이 놓여 있었다.

최현식은 을사 조약 체결 소식을 들은 후 식음을 끊다시피 하고 두문불출하며 눈물로 나날을 보냈다. 을사년(1905)이 저물어 가는 12월 어느 날 최현식은 가족을 불러 앉히고 집안의 모든 일을 큰아들에게 맡긴다고 선언했다.

이렇게 하여 스물두 살의 최준은 만석의 살림을 맡는 처지가 되었다. 큰 살림을 일찌감치 맡은 최준은 시간이 지날수록 아버지의 의중을 알 수 있었다. 생각이 있는 젊은이라면 모두들 의병 활동이나 상소 운동으로 일본에 항의했으므로 당연히 그에게도 여러 차례 운동을 같이할 것을 권해 왔다. 그러나 최준은 그 많은 가문의 일을 팽개쳐 두고 떠날 수가 없었던 것이다. 집안 일을 도맡아 하면서 당초의 포부인 신식 학문에 대한 열망과 새로운 사조에 대한 도전의 의지는 다소 꺾일 수밖에 없었다. 바로 이것이 아버지 최현식의 숨은 의도 중 하나였다.

한일합방으로 일본에게 나라를 빼앗긴 후 최준은 제일 먼저 할 일이 민족의 계몽이라고 생각하여 경주 향교를 빌려 간이 학교를 설립하고 인근의 백성들과 아이들을 불러 무료로 글을 가르쳤다. 그러나 간이 학교는 정식 학교가 아니었기 때문에 규율을 세울 수 없었고, 나라가 어수선할 때라서 실패하고 말았다. 그러나 이것으로 최준은 언젠가 제대로 된 정식 학교를 만들어 보리라는 마음을 먹었다.

그 즈음 경남 의령에 사는 안희제라는 한 젊은이가 최준을 찾아왔다.

"저는 금년 초에 양정 의숙을 졸업했습니다. 교장은 관리로 진출하라고 권했습니다만, 나라가 망한 판국에 관리를 해서 무엇하겠습니까. 해서 지난해에 얼마 안 되는 제 모든 재산을 들여 고향 설뫼에 창남 학교를 설립하여 운영하고 있습니다."

안희제는 보성 전문학교 경제학과에 입학했고, 2학년 때 이종호(이용익의 손자)를 배척하는 운동이 일어났을 때 이를 반대하다가 중퇴하고 양정 의숙으로 옮겨 그해에 졸업한 것이다.

최준은 일찍이 자신이 가고 싶었던 행로를 그대로 걷고 있는 안희제가 부러웠다. 최준은 그가 예사 사람이 아니라는 것을 간파했다. 안희제는 자신이 가지지 못한 '행동으로 옮기는 힘'을 가지고 있다는 것을 알았다.

한국의 주권을 강탈한 일본은 전국적으로 헌병 경찰 조

직을 확대시켜 무단 통치를 실시함으로써 민족 독립 운동은 물론 교육, 언론, 집회 등 모든 활동을 봉쇄했다. 또한 토지 조사 사업을 빙자한 토지 점탈과 기업 통제로 우리나라를 일제의 식량 공급지 및 일본 상품의 시장으로 전락시켜 갔다.

안희제가 최준의 집을 다시 찾은 것은 그로부터 4년이 지나서였다. 그는 부산에서 제일 번창한 중앙동에 백산 상회라는 상리 기관을 만들었다. 단기간에 돈을 벌기란 상업이 최고라 믿고 농산물이나 면포, 해산물 등을 수집하여 상업을 하면서 국내외로 여러 지사들과 연락할 수 있는 구심점을 만들고자 한 것이었다.

안희제는 이 상회를 설립하기 위해 고향의 전답 2,000두락을 팔아 자금을 마련했다. 백산 상회라는 이름은 그의 아호에서 따온 것이다. 백산 상회는 처음에는 곡물, 면포, 해산물 등을 판매하는 소규모의 개인 상회였으나 이내 사업에 한계를 느끼고 영남 일원의 민족 자본가들을 규합하기 시작했다. 안희제가 최준을 방문한 것은 영남 일원의 민족 자본가들을 영입하려는 원대한 계획의 출발이었다.

1915년 음력 정월 대보름날은 대구의 앞산에 있는 안일

암에서 시회가 있는 날이었다.

이날의 모임은 겉으로는 연초를 맞아 시회를 연다고 했으나 사실은 국권 회복을 위한 비밀 결사 조직을 만들기 위함이었다.

이렇게 결성된 단체가 조선 국권 회복단이었다.

그러나 이것만으로는 적극적인 활동을 하기 어렵다고 판단한 박상진이 중심이 되어 대구를 비롯한 경북 일원의 지사들이 모여 비밀 결사를 조직한 것이 광복회이다.

광복회는 철저한 비밀 행동 조직이었다. 이곳의 연락 본부인 상덕태라는 상회를 마련하는 데는 최준의 역할이 컸다. 이 상회는 표면적으로는 곡물상이었으나 내실로는 부산의 백산 상회, 평양의 평북 상회, 충주의 충주 상회, 부산의 윤현태가 운영하던 갑인 상회 및 이춘 상회 등과 연계하여 사업을 빙자한 지하 투쟁의 거점이었던 것이다.

박상진이 이끄는 광복회의 조직은 철저하게 군대식 비밀 조직이었기에 그 정체는 좀처럼 밝혀지지 않았다. 그러나 박상진은 생모인 이씨가 죽자 상례 전날 고향 경주 외동면 녹동 본가로 가던 중 체포되었다.

이로 인해 박상진을 비롯한 37명이 체포되었고 끝내 순국했다.

최준에게 있어 박상진은 평생 독립 운동을 하게 하고 자신의 모든 재산을 사회로 되돌리게 한 원동력이 되었다.

최준이 의욕을 잃고 한숨으로 나날을 보내고 있을 때 서울에서 한 젊은이가 찾아왔다. 인촌 김성수였다. 1918년 봄에 경주를 찾아온 김성수는 박상진, 안희제와 더불어 최준의 인생 진로에 결정적인 영향을 미쳤다. 박상진이 혁명가이고 안희제가 창업가라면 김성수는 절묘하게 조화한 실천가라 할 수 있다.

전남 장성에서 대대로 살아온 인촌 집안은 조부인 김요협이 전북 고창군의 대지주 정계량의 사위가 되면서 이주했다. 김요협은 아들이 없는 처가에 눌러 살며 처가에서 물려받은 천석지기 재산을 만석지기로 늘렸다.

김성수는 열여섯 살 때 담양군 창평의 창흥 의숙에서 신학문을 배웠다. 그는 창흥 의숙 시절 알게 된 벽초 홍명희로부터 개화한 일본의 이야기를 듣고 일본에 유학하여 와세다 대학 정치학과를 졸업했다.

김성수는 귀국하여 운영난에 처한 중앙 학교를 인수하고 그의 죽마고우인 송진우를 교장에 추대했다. 2년 뒤에는 방직 업계의 탁월한 기술자인 이강현의 제의를 받아들여 경성 직유 회사를 인수하고 사장으로 취임했다.

김성수가 최준을 찾은 것은 경성 방직과 《동아일보》에

지방의 유력 인사를 참여하도록 권유하기 위함이었다.

김성수가 다녀간 지 1년 후인 1919년 10월에 계획대로 경성 방직 주식회사(경방)가 창립되었고 최준도 창립 발기인이 되었다.

당시 우국지사들의 공통된 생각은 해방을 위해 교육 사업과 물산 장려 사업을 이끌어야 한다는 것이었다. 최준이 교육 사업이야말로 필생의 사업이라 믿고 꾸준히 때를 기다리며 다짐을 하게 된 데는 안희제나 김성수와 교유하면서 함께 느낀 교육의 중요성에 대한 인식 때문이라 할 수 있다.

독립 운동의 경제적 기반, 백산 상회

1919년 5월 백산 상회는 자본금 100만 원의 주식회사로 개편하고 명칭도 백산 무역 주식회사로 개칭했다. 이와 같은 개편은 영남의 대지주들이 다수 적극적으로 참여했기 때문에 가능했다. 자본금 100만 원의 무역 회사는 당시로서는 부산항에서 최대 규모였으며, 신용면에 있어서나 거래면에서 일본 회사를 능가하는 위치에 있었다.

당시의 주요 경영진은 다음과 같다.

취체역 사장: 최 준
상무 취체역: 최태욱
취　체　역: 윤현태, 안희제, 강복순
감　사　역: 전석준, 김시구

　백산 무역 주식회사는 창립 후 대구, 서울, 원산, 만주 봉천 등지에 지점 또는 연락 사무소를 설치하면서 활동 지역을 확대했으나 이익금의 대부분이 독립 운동 자금으로 들어 갔기 때문에 회사의 수지는 항상 결손을 면하지 못했다. 이것은 경영의 부실이라기보다 회사의 수지와 관계 없이 독립 운동 자금을 계속 공급한 것이기 때문이라고 할 수 있지만 형식적인 장부에서는 결손 처리를 할 수밖에 없었다.
　안희제는 이 회사의 자금뿐 아니라 국내 각 유지들이 기탁하는 자금까지 독립 자금으로 공급하는 일을 맡아 왔다. 이러한 자금은 장부상에는 거래의 형식으로 되어 있기 때문에 쉽게 일경의 수사망에 걸려들지 않았던 것이다.
　안희제는 사업이 어느 정도 궤도에 오르면 더 머물지 않고 끊임없이 새로운 사업을 찾아 떠났고, 또다시 다른 사업을 성사시켰다. 관리하고 수성하는 일은 그에게 어울리지 않았다.

부산시 중앙동에 있던 당시의 백산 상회 모습

　반면 사업을 지키는 것은 최준의 몫이었다. 안희제는 자신의 역할과 약점을 잘 알고 있었던 것이다. 최준은 10대에 걸친 만 석의 재산을 지킨 사람이었기 때문이다. 안희제는 일찍부터 이 백산 상회를 최준에게 맡기고 싶었다.

　3·1 운동을 전후한 시기에 다수의 민족계 기업이 창립되었다. 백산 무역 주식회사도 겉으로는 무역 회사의 모양을 갖추었으나 실제로는 독립 운동을 위한 자금 공급원의 역할을 하기 위한 것이었다.

안희제는 또한 기미 육영회를 조직하여 장학금을 지원하기 시작했다. 이 육영회는 청년들을 해외로 유학을 시켜 장래의 국권 회복을 위한 인재를 양성하는 것이 목적이었다. 3·1 운동 이후 나라를 회복하는 길은 오로지 인재를 양성하고 민중을 계몽하는 데 있다는 것이 당시 선각자들의 공통된 생각이었다. 이러한 취지에서 발족한 육영회는 회원이 연간 100원 이상을 부담하여 운영되었다.

안희제가 떠난 자리에는 언제나 최준이 있었다. 안희제는 과묵하고 성실하면서 신중한 최준을 마음속으로 존경하고 있었다. 최준의 가문이 여러 대에 걸쳐 부를 유지하는 데는 그럴 만한 이유가 있다는 것을 아는 것이었다. 그러나 한편으로는 너무 안정적이고 소극적인 그의 태도에 실망할 때도 있었다. 이론적으로 보면 이들 두 사람의 결합은 그야말로 상호 보완하여 완벽함을 이룰 수 있는 것이었다.

3·1 만세 운동이 있은 후 백성들은 너무나 들떠 있었다. 게다가 기미년(1919)에는 흉년이 들어 수확이 평년의 절반에도 못 미쳤다.

최준은 심란한 마음을 달래기 위해 사마소에서 인근의 유림들을 모아 시회를 열었다.

지난해의 극심한 흉년 때문에 경주에서는 특히 전에 없

던 도굴꾼들이 설치기 시작했다. 흉년이 들어 입에 풀칠하기도 어려운 사람들이 깨진 토기나 자기 하나만 가져가면 한 달 먹을 양식과 맞바꿀 수 있으니 무리도 아니었다. 당시의 경주에서는 아무 곳이나 한 자만 파면 골동품들이 쏟아져 나왔다고 한다. 그래서 "경주 사람들은 밭을 갈아도 깊게 간다."는 말이 있다.

또한 골동품의 가치를 아는 일본의 일부 지식층들은 경주 주변을 중심으로 골동품 수집에 혈안이 되어 있었다. 그들은 토기나 자기를 비롯하여 금 귀고리, 부장품 등은 물론 심지어 쓸 만한 정원석까지도 몽땅 쓸어 갔다.

그때부터 경주 지식인들의 권유로 최준은 도굴된 유물들을 사 모으는 일을 시작했다. 최준은 1920년 여름에 경주의 유지들과 뜻을 모아 경주 박물관의 전신인 경주 고적 보존회를 설립하고 회장에 취임했다.

스웨덴의 황태자 구스타프가 서봉총을 발굴하면서 최부잣집에 머문 것도 이러한 인연 때문이다.

1921년 신유년 겨울에 최준은 대구의 종로통에 집을 한 채 사서 이사를 했다. 이사라고는 하지만 경주의 살림을 몽땅 가져 간 것이 아니라 세간 일부만 옮겨 와서 우거한 셈이다.

대구의 집은 경주와 달리 찾아오는 손님이 거의 없었고, 교통이나 통신이 좋아서 서울이나 부산을 다니기에도 편리했기 때문이다.

최준의 대구 집으로 네 명의 일본 헌병대가 들이닥쳤다.

공주 헌병대로 연행된 최준은 열흘 동안 시도 때도 없이 취조당했다. 그들은 고문을 하면서 상하이로 보낸 자금 내역을 캐물었다. 그러나 최준은 이를 견뎠다.

한 해 전 최준의 세 번째 동생으로 상해 임시 정부에서 일하던 최완은 형의 필체를 모방하여 부친이 위급하다고 속여 국내로 끌어들인 일본 경찰의 흉계로 고문 끝에 서른다섯 해의 짧은 생애를 마쳤다.(최완은 1990년에 형 최준과 함께 독립 유공자로 '건국 훈장 애족장'을 받았다.)

안희제도 마찬가지였다. 일본 헌병들은 고의적으로 사건을 만들어 조사한답시고 며칠씩 구금했다가 미안하다고 사과하며 풀어 주는 예가 잦아졌다. 이렇게 백산 상회와 관련이 있는 사람들을 자주 조사 명목으로 불러 대자 연히 사업은 부진할 수밖에 없었다. 뿐만 아니라 일본 헌병들은 회사 관계자에게 직접적으로 압력을 가해 자금원을 막아 버렸다. 그들은 걸핏하면 장부를 압수해 가서 자금의 원천과 그 운용에 대해 철저히 조사했으며 현금의 흐름을 추적했다. 공주 헌병대에 연행되어 조사를 받고 돌아온 후 최준은 한동안 일어나지 못했다. 그 뒤 평양 경찰서에서도 이와 유사한 고초를 겪고 20일 동안 옥살이를 하면서 신병까지 얻었다.

"최 부잣집이 망했다!"

부산을 떠나 서울로 간 안희제는 시대일보사를 인수하여 중외일보사로 이름을 바꾸고 민족적 논조를 펴 나갔다. 그러다 보니 여러 번 필화 사건에 휘말렸고 발행 정지나 휴간 처분을 당하여 경영은 갈수록 어려워져 갔다.

결국 안희제는 4년 만에 중외일보를 청산해야만 했다.

언론계에서 손을 뗀 안희제가 다음으로 눈을 돌린 곳은 만주였다. 1926년 9월 안희제는 동만주 일대를 시찰하고 넉 달 만인 12월에 돌아왔다.

백산 상회의 재정은 말이 아니었다. 사업이 잘되지 않는데다가 상하이로 독립 자금을 계속 송부했기 때문에 적자는 누적되어 갔다. 처음에는 부족한 결손 분을 후원자들의 증자 형식으로 추가 갹출하여 출자금으로 메웠으나 일본인들이 자금 출자자에 대한 조사를 철저히 함에 따라 주주들은 자금 공급을 꺼리게 되었다. 백산 무역 주식회사는 극도의 자금 압박을 받았다.

백산 상회의 서기로 일하고 있었던 최준의 막내 동생 최순도 회사를 정리하는 것이 최선이라고 말했다.

마침내 백산 무역 주식회사는 창업 14년 만인 1927년에 해산되었고 담보를 넣은 최준은 110만 원이란 엄청난 부채를 떠안은 채 문을 닫게 되었다.

'최 부자가 망했다.'는 소문은 어느덧 의친왕 이강의 귀에 들어가게 되었다. 아리가(식산 은행의 총재)라는 일본인을 만난 의친왕은 걱정스럽게 물었다.

"최씨 집안 하나가 망하는 거야 큰 문제가 아니겠지만 이 일로 총독부가 욕을 먹고 국민 총화에 금이 갈까 걱정됩니다."

의친왕이 총독부와 국민 총화를 들먹이자 아리가로서도 신경이 쓰이지 않을 수 없었다.

"그 사람은 원래 조상 대대로 농업을 하던 사람인데 친구가 권하여 무역업을 한다더니 결국에는 실패하고 말았더군요. 다른 지주들 같으면 소작인들에게 소작료를 더 많이 부과하여 부채를 금방 갚겠지만, 그 집에서는 그리하지도 않을 것이고······. 그 사람은 그렇게 많은 빚을 지고 있으면서도 작년에 이어 올해에도 흉년이 들자 관에서도 못하는 기아자 구휼에 많은 재산을 풀고 있다는 소식을 들었어요."

아리가는 열심히 머리를 굴렸다. 은행이 지금 당장 대출 자금을 회수할 경우 담보 자산을 처분해야 하고 그렇게 되면 많은 손실과 함께 인심을 잃을 것을 감안해야 했다. 그렇다면 차라리 민심을 자극하지 않고 의친왕의 말처럼 천천히 회수하는 것도 나쁘지 않다고 생각하게 되었다.

의친왕 이강이 왜 그처럼 최씨 집안을 걱정했는지는 알 수 없다. 그러나 분명한 것은 최 부자는 당시 조선의 여느 부자와는 달랐고, 의친왕이 경주에 왔다가 들렀을 때 최 부자만은 그에게 일체의 청탁을 하지 않고 진심으로 대해 주었다는 점이다. 또한 한 왕조의 마지막 왕으로 300년 가문의 마지막 부자를 보며 동병상련을 느꼈을지도 모른다.

그러나 최준의 대구집과 경주집에 법원에서 나온 서기들이 들이닥쳤다. 그들은 최씨 집안을 돌아다니며 값이 나갈 만한 물건에는 모두 딱지를 붙였다. 경남 합동 은행이 만기 대여금 청구 소송을 내서 법원이 압류에 들어간 것이다. 논밭이나 집 등 부동산 문서는 물론이고 가구나 집기에도 몽땅 딱지를 붙였다.

열흘 후 서울에 있는 식산 은행의 아리가로부터 즉시 그에게 찾아오라는 통지가 왔다.

아리가 미츠도요는 원래 일본에서 전기와 관련된 가업을 하던 사업가로 경영 수완이 뛰어나 한국의 식산 은행장으로 임명된 사람이다. 그는 경제면에서 탁월한 능력을 가진 한편 문화적 소양도 대단했다. 그의 취미는 여행과 전통 예술이었기에 한국의 구석구석까지 돌아보는 집요한 사람이었고 특히 고건축과 도자기 등에도 조예가 깊었다.

"최 선생이 우리 은행의 큰 고객이라는 것은 진작부터 알고 있었는데 근자에 와서 최 선생이 어려우니 도와야 한다는 진정이 여러 곳으로부터 들어오고 있습니다. 의친왕께서도 부탁하셨지만 내지의 대장성 칙임관까지도 최 선생의 구제를 부탁하니 놀라울 뿐입니다. 혹시 간바야시를 아십니까?"

최준은 임시 정부 특파원인 김형극을 떠올렸다. 그가 공작한 인물이 아마도 간바야시인 모양이었다.

"최 선생도 아시겠지만 3대 총독으로 부임한 사이토 각하는 내선일체를 도모하고 있습니다. 이러한 각하의 뜻에 따라 최 선생에게 특별한 조치를 취하기로 했습니다. 우리 은행에 진 최 선생의 부채가 모두 80만 원인데, 그중 반인 40만 원을 탕감해 주겠습니다. 나머지 40만 원은 천천히 갚도록 하십시오. 얼마 동안이면 갚을 수 있겠습니까?"

결국 40만 원은 10년 거치 후 연리 2푼 5리로 10년 동안 분할 상환하기로 했다.

"이런 특혜를 주시는 이유가 무엇입니까?"

"최 선생의 조상들이 덕을 심어 놓았기 때문입니다. 또한 총독부에서는 최 선생의 공로를 높이 사고 있습니다. 앞으로도 많은 협조 있길 바랍니다."

'이렇게 하여 왜놈 편에 서게 되는구나……'

최준은 자기도 모르게 한숨을 내쉬었다. 아리가는 자신에 찬 표정이었다. 어차피 조선을 완전히 먹었다고 본 아리가는 부채를 조금 늦게 회수한다고 해서 그다지 문제가 될 것은 없다고 생각한 것이다. 무엇보다 그들은 조선의 민심을 잃지 않아야 한다는 것이 우선이었다. 아리가는 최준에게 다른 어떠한 조건도 제시하지 않았다.

또한 아리가는 최준에게 편지 봉투 하나와 따로 보자기에 싼 상자 하나를 건넸다. 집에 돌아온 최준은 조심스럽게 상자를 풀었다. 거기에는 10원짜리로 3만 원이 들어 있었다.

'이제야 말로 돌이킬 수 없는 수렁 속으로 빠져들고 말았구나. 백산 상회를 하면서 광복을 위한 자금을 상하이에 보낸 큰 뜻도 다 허사가 아닌가. 그로 인해 빚을 졌고, 다시 그 빚으로 인해 일본의 혜택을 받는다면 처음의 대의가 무슨 의미가 있을 것인가. 조상들이 지킨 가훈과 재물은 몽땅 잃어버리고 말 것이야. 차라리 아리가의 특혜를 모두 거절했다면 재물을 잃을지언정 명예는 지키는 것이 아닌가! 그러나 참자. 언젠가는 모든 재산을 던져 대의를 이룰 날이 있으리라.'

이것으로 최준의 은행 부채 문제는 일단락되었다. 최준은 아리가로부터 받은 현금 3만 원으로 급한 사채부터 서서히 갚았다. 최준은 아리가의 이러한 호의를 아무에게도 말하지 않았다. 이 사실은 훗날 해방이 된 후 손자 최염에게만 말했을 뿐이다.

 '이대도강'의 교훈

발해 농장에 학교를 세우고 만년에는 대종교에 깊이 심취했던 안희제는 오랜 객지 생활에서 얻은 신병을 치료하기 위해 고향인 의령에 내려왔다.

11월 5일 아침, 만주 목단강 성 경무청 형사대 세 명이 설뫼의 안희제 집으로 들이닥쳤다. 대륙 첩보의 귀신이라고 불리던 일본인 형사 부장 난배는 오래전부터 안희제를 밀착 감시하고 있었고, 끈질긴 수색으로 안희제와 상해 임시 정부와의 관계를 포착하게 되었다. 안희제는 경무청에 수감되어 9개월 동안 혹독한 고문을 당했다. 안희제의 목숨이 얼마 남지 않은 것을 눈치 챈 경무청은 안희제를 병보석으로 풀어 주었고 그는 결국 풀려난 지 세 시간 만에 죽고 말았다.

백산 상회가 쓰러지기 전부터 민족 사업을 역설했던 김성수는 거의 매년 경주의 최준을 방문했다.

최준은 김성수의 특출한 능력과 설득력에 놀랐다. 그는 이론과 실제를 겸비한 드문 지도자였다. 최준이 동아일보사의 창립 발기인이 된 것이나 경성 방직의 발기인으로 주주가 된 것 모두가 그의 탁월한 설득력과 믿음직한 경영 능력 때문이었다. 그는 늘 새로운 사업을 만들어 내는 안희제와는 다른 인물이었다. 김성수는 사업을 시작하기 전에 사업성과 여론을 철저히 조사했다.

1933년 3월, 김성수로부터 보성 전문 학교의 도서관 낙성식 초대장이 왔다. 학교 부속 중앙 도서관을 석조로 개축하고 16만 권의 도서를 비치했다. 중앙 학원의 이사로 상당한 도서관 설립 기금을 기부하기도 한 최준은 안암동에 자리한 보성 전문 학교의 웅장한 도서관을 보고 감동했다.

1933년 5월, 경주 교동 최준의 집에 아리가가 찾아왔다. 최준에게 아리가는 이제 예전의 그가 아니었다. 비록 최준이 일본 사람을 싫어하기는 했지만 아리가는 남달랐다. 그에게는 인간적인 따스함을 느낄 수가 있었다. 그는 함경도 회령에서 제주도에 이르기까지 조선의 방방곡곡을 다니며 조선의 풍속과 문화를 체험했다. 그는 단순히 일본의 정책을 수행하는 은행가 이상으로 한국의 근원을 알고자 노력한 일본인이었다.

　아리가에게 최준도 마찬가지였다. 최준은 단순한 조선의 부자가 아니었다. 전통과 기품이 있고 철학이 있는 집안이며 이웃을 사랑하고 자족할 줄 아는 부자였다. 최준과 아리가는 어느새 서로 마음속 깊이 외경하는 우정을 나누고 있었다.

　최준을 찾아온 아리가는 최준의 집을 신라 유물을 전시할 박물관으로 쓸 수 있는지 물었다. 최준은 우선은 잠시 여유를 가지기 위하여 문중 회의에서 결정 짓겠다고 하면서 즉각적인 답을 피했다. 그는 고민에 빠졌다.

　약속한 사흘이 지났지만 최준은 아무런 결정을 내릴 수가 없었다.

　"아리가 선생, 저는 문중 회의에서 바보가 되었습니다. 문중의 어느 누구도 찬성하는 사람이 없었습니다. 그러나 저는 아리가 선생의 깊은 뜻을 압니다. 그러니 제가 살아 있을 때까지는 이 집에 살도록 허락해 주십시오. 제가 죽을 때 유언을 하면 아무도 이를 막지 못할 것입니다."

전혀 생각하지 않았던 말이다. 그러나 마치 미리 준비라도 한 듯이 이런 말이 그의 입에서 흘러 나왔다. 아리가는 이내 그 말의 의미를 알았다. 아리가는 없었던 일로 하고 경성으로 올라갔다.

최준은 언제 또다시 총독부로부터 제안이 들어올지 몰라 초조하기까지 했다. 아니나 다를까 1934년이 저물어 가는 12월 어느 날 아리가는 다시 한번 최준의 집을 방문했다.

총독부에서 차기의 학무국장(오늘날의 교육 인적 자원부 장관)으로 최준을 적임자로 생각하고 추천하고자 한 것이다.

'이번에는 관직이구나······.'

최준은 또다시 아리가로부터 받은 특혜를 후회했다. 최준은 한동안 아무 말을 하지 못 하다가 천천히 더듬거리며 말했다.

"저는······, 부잣집의 맏이로 태어나 고생을 모르고 자라서······, 성질이 괴팍한데다 안하무인이어서 그 자리는 저에게 맞지 않는지라······. 또한 저는······, 대대로 지어 온 농사일밖에는 달리 아는 바가 없고 신식 교육도 받지 못했으며……. 또……, 혹 알고 계실지 모르지만 우리 가문에서는 대대로 내려오는 가훈이 있는데……, 그 가훈 중에는 '진사는 하되 벼슬은 하지 말라.'는 것이 있습니다. 그래서 저는 젊었을 때 조정으로부터 장릉 참봉의 벼슬을 받고도 이내 사임한 바 있습니다. 그래서 둔재인데다……, 말주변도 없고……. 워낙 시골에서만 살아 경성의 사정에 어둡고……, 정관계에 친지가 거의 없으며…….''

최준의 이러한 행동은 증조부 최세린의 아호 '대우'와 아버지 최현식의 아호 '둔차' 정신에서 기인한 것이라 할 수 있다. 보통 사람의 경우에는 이렇게 벼슬자리를 제안받으면 자신도 모르게 우쭐해지며 허세를 부리기 쉽다. 그러나 그는 철저하게 어리석고 둔한 듯 행동했던 것이다.

최준은 끝까지 못하겠다는 말을 하지 않고 참았다. 최준은 협상을 할 때 결코 먼저 결론을 짓지 않았다. 그는 지루할 정도로 기다렸다. 이 참을성이야말로 최준의 장기 중의 하나였다. 대부분의 경우 참고 기다리면 상대편에서 자신의 답을 미리 말해 주기 때문이다. 자신이 원하는 해결책이 나올 때까지 묵묵히 참고 기다리는 것이었다.

아리가는 최준의 끈기에 손을 들고 말았다. 그는 최준의 마음을 읽은 듯했다. 세상이 바뀌어 일본의 지배가 굳

혀져 가는 마당이라 일본에 붙어서 벼슬을 하고 싶어 하는 조선인이 얼마나 많았던가! 이런 상황에서 굴러 들어온 벼슬을 냉정하게 거절할 수 있는 사람은 흔치 않음을 아리가는 잘 알고 있었기에 한편으로는 섭섭했지만 또 한편으로는 존경하는 마음이 다시 일었다.

그러나 1여 년 후 아리가가 다시 찾아왔다.

"금년이면 총독부의 5대 중추원 임기가 끝납니다. 내년부터 시작되는 제6대 중추원에 최 선생을 참의로 모시고자 합니다."

최준은 가늘게 한숨을 내쉬며 입을 열지 못했다. 중추원이란 일제 강점기에 있었던 조선 총독부의 자문 기관이다. 조선을 침략한 일본은 국권을 빼앗은 공로가 있어서 작위를 받은 사람이나 친일파 정객을 비롯한 지방의 유력 인사 등을 포섭하여 중추원의 명예직을 주었다.

"이번의 6대 참의에는 최 선생도 알 만한 지역의 유지들이 많이 참여하기로 약속했습니다. 대구 관찰사를 지낸 박중양 선생을 비롯하여 대구의 부자 장직상 선생, 그리고 무엇보다도 조선 최대의 역사학자이신 최남선 선생까지 참여하기로 약속했습니다."

최준은 잠시 귀를 의심했다. 박중양이나 장직상이야 워낙에 친일파로 소문난 사람들이지만 3·1 독립 선언서를 쓴 최남선이 중추원 참의를 하기로 했단 말인가! 도대체 믿어지지가 않았다.

　최준이 동생 최윤과 머리를 짜낸 결론은 문회를 열어 보자는 것이었다. 문회란 같은 고조부를 모시는 친척들이 모이는 문중 회의를 말한다. 문중의 중대사나 어려운 일을 결정할 때는 이 문회를 열어 왔던 것이다.

　"이런 일로 문회를 여는 것 자체가 이상합니다. 이제까지 우리 가문에서는 조상들의 유훈을 잘 지켜왔는데 느닷없이 이 문제를 문회의 안건으로 내건다는 것은……, 수용할 의향이 있어서가 아닙니까?"

　문중의 장손인 최준은 하는 수없이 그간의 말 못할 사정을 설명했다. 한참의 시간이 흐른 후 드디어 한 사람이 절충안을 냈다.

　"무엇보다도 우리 가문을 지켜야 한다는 것이 가장 중요합니다. 그 벼슬을 받는 것은 욕되게 가문을 이어 가는 것이고, 그렇게 부끄러운 가문을 이어 가 봐야 의미가 없을 것임은 분명합니다. 그렇다고 거절하면 혹시나 가문이 멸문하는 화를 입을까 두려우니 참으로 진퇴양란입니다. 그래서 하나의 절충안으로서, 큰 형님이 아닌 누군가 다른 형제가 대신 그 자리를 맡을 수만 있다면 다소 난을 피할 수가 있지 않겠습니까?"

이처럼 민주적 의사 결정의 한 통로인 문회가 활성화되어 있다는 점과 어려운 시기에는 동생들과 친척들이 대신해서 희생할 각오가 되어 있다는 점은 최 부잣집이 부를 이어올 수 있었던 또 하나의 원인이 되었다.

회의를 마친 후 동생 최윤은 형에게 말했다.

"아무래도 형님은 그 일을 맡을 수 없고, 그렇다고 총독부의 제안을 거절할 수도 없으니, 형님 대신 제가 하도록 하겠습니다. 달리 방도가 없지 않습니까? 물론 제가 형님 대신 하겠다고 하더라도 총독부에서 순순히 받아들일지는 모르겠으나, 우리 집안을 구해야 한다면 저 하나 역적이 되면 어떻습니까. 기꺼이 희생하겠습니다. 깊은 사정을 모르는 사람들은 쉽게 욕을 할 것이 분명합니다. 그러나 형님이 저의 진심을 알아주신다면 온 국민이 다 욕한다 해도 감내하겠습니다. 형님, 혹시 '이대도강(李代桃僵)'이란 말을 아시는지요?"

"이대도강이라니?"

"복숭아나무 대신 자두나무가 쓰러진다는 뜻입니다. 옛날 중국에서는 복숭아나무에 병충해가 심해서 그 옆에 자두나무를 자라게 하여 대신 쓰러지게 해서 복숭아나무를 보호했다고 합니다. 중국인들은 복숭아를 형, 자두를 동생에 비유하면서 형을 살리기 위한 아우의 자발적 희생을 미담으로 남겼답니다."

최준보다 두 살 아래인 최윤은 풍류를 좋아하고 기예에 능했다. 거문고 명수로 인간 문화재 박동진에게 한 수 가르치기도 한 그는 형을 대신해 희생하기로 결심한 것이다.

이것은 중국에서 내려오는 전략 중 하나로 적은 것을 희생하여 큰 것을 살린다는 계략인 것이다. 이것은 가거십훈에도 그대로 나타나 있을 뿐 아니라 오늘날 야구 경기에서 흔히 있는 희생타나 바둑에서의 사석 작전과도 비슷하다.

아리가는 안도의 숨을 쉬었다. 그는 기회가 있을 때마

마지막 최 부자 최준(오른쪽)과 그의 동생 최윤

다 최씨 가문을 칭찬했고 그렇게 조선 민중으로부터 존경을 받는 사람을 일본 편에 서게 해야 한다고 주장했던 것이다. 그런데 두 차례의 제안을 모두 거절당하고 나서는 최씨 가문의 반일 감정에 대해 반신반의할 수밖에 없었던 것도 사실이었다. 최씨 집안에 대해 좋지 않은 감정을 가진 일부 일본 관리는 노골적으로 아리가의 주장을 반대하며 최준이 의심스럽다는 말을 하기도 했던 것이다.

총독부가 제시한 중추원 참의 자리에는 그의 동생 최윤이 89명 중 한 사람으로 임명되었다.

300년 동안 모은 재산으로 학교를 세우다

광복을 맞으면서 최준은 그토록 꿈꾸어 온 인생의 목표를 이루려 했다. 그것은 독립된 나라에서 대학을 설립하여 국가를 이끌고 갈 인재를 양성하는 것이었다. 최준은 이제까지 품어 온 꿈을 실행하기 위해 한 시도 지체할 수 없었다.

그가 대학 설립을 위해 지역 인사들을 본격적으로 접촉하고 설득하여 공식적으로 첫 모임을 가진 것은 1945년 10월 20일이었다. 대구 시내 유지 30여 명이 대구시 북성로에 있던 경북 산업 주식회사 2층에서 자리를 함께했다. 참석한 사람들을 천천히 돌아본 최준은 무겁게 입을 떼었다.

"오늘 우리가 이렇게 한자리에 모인 것은 우리가 살고 있는 경북 지방에 종합 대학교를 설립하고자 하는 뜻을 모으기 위해서 입니다. 해방을 맞아 해야 할 일은 많을 줄 믿습니다만 민족 문화를 드높일 교육 사업이 무엇보다 중요하다 하지 아니할 수 없습니다. 일제 시대에 우리들은 일본의 우민화 정책과 식민지 교육을 받았습니다. 따라서 국가를 운영할 인물이 부족하고 학문 연구가 부족한 것을 통탄하지 않을 수 없습니다. 여러분도 잘 아시다시피 대구와 경북은 신라 문화의 옛 터전으로 현량 준걸을 배출하던 추로지향(공자와 맹자의 고향, 예절과 학문이 왕성한 곳)입니다. 문화의 발상지요, 성숙지요, 보존고입니다. 그러므로 오늘과 같은 새로운 건국기에 있어 조상의 유업을 계승하여 국가 문화 건설에 공헌함이 우리 경북인의 당연한 책무입니다. 이러한 국가적 요구에 응하여 선현의 유지를 빛내기 위해 도내 유지들의 힘과 성을 합하여 우리 고장에 대학을 건설함은 참으로 뜻 있는 일이라 생각됩니다. 대학 설립과 관계되는 의견을 기탄 없이 말씀해 주시기 바랍니다."

최준이 이렇게 서두를 트자 모인 인사들은 돌아가면서

한마디씩 했다. 연장자인 이규원을 좌장으로 하고 참석자 전원이 종합 대학 설립의 필요성을 인정했다. 그 실천 방안으로 종합 대학 설립 준비 위원회의 구성을 의결했다.

그해 11월, 도내 유지 99명이 참석한 가운데 제3회 확대 준비 위원회가 도청 회의실에서 열렸다. 이 회의에서는 1946년 초 개교를 목표로 준비 위원회를 발전적으로 해체하고, 경북 종합 대학 기성회를 새로 구성할 것을 의결했다.

이제 예순을 넘긴 최준은 그처럼 바빠 본 적이 없었다. 최준은 매일같이 수많은 사람들을 만나고 학교 설립을 위한 구체적인 준비 작업으로 숨 돌릴 여유조차 없었다. 당시 경북에서는 단과 대학으로 의과 대학, 농과 대학, 사범과 대학이 있었고 종합 대학은 없었다.

어느 날 최준의 집에 한 청년이 방문하여 김구 선생이 만나고자 한다는 전갈을 가지고 왔다.

이튿날 최준은 서울로 가서 김구 선생이 묵고 있던 경교장을 찾았다. 김구 선생은 암울하던 시기에 묵묵히 임시 정부에 자금을 보내 준 숨은 애국자 최준을 찾았던 것이다.

"선생님을 오늘에야 이렇게 뵐 수 있으니 말할 수 없

이 기쁩니다."

"최 선생, 그동안 수고가 많았습니다. 귀국하면 가장 먼저 만나고 싶었습니다. 가산을 탕진하면서까지 임시 정부에 독립 운동 자금을 보내 주신 공로야말로 우리 동포 모두가 우러러볼 것입니다."

이렇게 치하한 김구 선생은 서랍에서 겉장이 낡아 헤진 책자 한 권을 꺼냈다.

"최 선생, 이것을 좀 보십시오. 상해 임시 정부에서 자금을 조달해 준 사람들과 그 자금 내역을 기록한 '인명 기록장'입니다."

최준은 그 장부를 조심스럽게 들춰 보았다. 석 장째 열었을 때 자신의 이름과 금액이 뚜렷이 적혀 있었다. 한참을 뚫어져라 보고 있던 최준은 두 손으로 조심스럽게 그 장부를 다시 건넸다.

백산 무역 주식회사를 청산할 때까지 상해로 보낸 돈과 장부에 기록된 금액이 정확히 일치했다. 감회 어린 눈으로 장부를 보고 넘겨주는 최준에게 김구는 정치를 할 마음이 있는지 물었다.

"저는 오래전부터 교육에 뜻이 있었기에 해방을 맞아 우리 지역에 종합 대학교를 설립하려고 준비하고 있습니다."

"참으로 훌륭한 생각이십니다. 앞으로 내가 도움이 된

다면 기꺼이 도울 것입니다."

작별 인사를 하고 경교장을 나올 때도 최준의 머릿속에는 그 인명 기록장이 또렷하게 떠올랐다. 광복을 보지 못하고 해방되기 2년 전에 먼저 간 백산 안희제를 회상하면서 깊은 감회에 젖었다.

그는 경교장에서 자신이 안희제를 통해 송금한 자금이 한 푼의 착오도 없이 모두 임시 정부에 들어간 것을 확인한 것이다. 그동안 가장 믿어야 할 친구인데도 때로는 의심을 하기도 한 자신의 속 좁음에 대해 심히 부끄러웠다.

해방 이듬해, 최준은 기성회 내에 개교 준비 위원회를 구성하고 위원장에 이효상 당시 경상북도 학무국장을 선출했다. 최준이 모금 운동을 위해 경북, 대구 지역의 유지들을 방문하여 정해붕을 만나고 난 뒤부터 활기를 찾기 시작했다. 정해붕은 경상 농공 은행장, 서부 금융 조합장, 금호 수리 조합장 등을 역임한 알부자로 소문이 나 있었고, 그가 거금을 희사하기로 약속하면서 대학 설립 추진은 순풍에 돛을 단 듯이 진행되었다.

이렇게 해서 종합 대학 재단 조성 위원회를 결성하고 회장에 정해붕, 부회장에 서병조, 상무에 추병화를 각각 추대했다. 정해붕은 1947년 대구 대학(지금의 영남 대학의 전신)에 860만 원의 거금과 전답 23만 6700평을 희사하여 대학의 기초를 세우는 데 결정적 역할을 했고, 초대 재단 이사장이 되었다. 그러나 그는 한국 전쟁이 나기 직전인 1950년 3월에 향년 여든 살로 세상을 떠났다.

그해 11월 최준은 기존에 있던 의과, 농과, 사범과 대학에 정경과, 문리과를 신설하여 다섯 개 단과 대학으로 구성된 대구 국립 종합 대학 설립인가를 신청했다. 그러나 대망의 경북 종합 대학 설립은 실현 단계 직전에 기성회에 의해 철회되는 비운을 맞이했다. 당시의 상황은 동맹 휴업 선풍이 전국을 휩쓸고 있었으며, 경북 일대에서는 10·1 사건이 발생하는 등 불안과 혼란이 나날이 고조되었다.

기성회는 모든 계획을 백지화하고 단과 대학을 설립하는 방향으로 방침을 변경했다. 그러나 이러한 차질에도 불구하고 최준을 비롯한 기성회 임원들은 설립인가를 위해 노력하여 드디어 문교부 장관의 구두 승락을 얻기에 이르렀다. 당초의 계획보다는 축소되어 비록 단과 대학의 초라한 수준이었지만 최준은 참으로 가슴 뿌듯한 감격을 맛보았다. 최준 앞에는 아직 해결해야 할 문제들이 산적해 있었다.

재단 법인 조직을 서둘러 정해붕 외 경북 도민 유지의 성금 1000만 원과 이상렬 외 유지의 토지 98만 5000평 및 최준의 장서 5,500여 권을 기본 재산으로 하고, 대학과 재단 법인의 설립인가 신청서를 문교부 장관에게 제출하여 대구 대학이 정식으로 인가되었다.

그때 최준이 기부한 현금은 40만 원이었고 장서가 약 만 권 정도가 되었는데 그중에서 쓸 만한 5,500여 권 속에는 우리나라 선현들의 유묵첩으로 신라 시대 2명, 고려 시대 40명, 조선 시대 970명 등 총 1,012명의 친필첩을 위시하여 국보급의 귀중한 도서가 포함되어 있었다. 이 도서들은 현재 영남 대학교 중앙 도서관에 그의 호를 따서 문파 문고로 보존되고 있다.

15 가치 있는 일을 위해서는 모든 것을 기쁘게 버린다

300년 만석꾼 집안의 **열다섯 번째 비밀**

일제 시대 때 중추원의 참의직을 맡았던 동생 최윤이

반민특위에 끌려가고 정치판에 뛰어들었던 막내 동생 최순은 반대파에게 저격당해 허망하게 목숨을 잃는 역경에서도 최준은 대학 설립의 고삐를 늦추지 않았다.

1951년이 되면서 문교부가 각도 사립 대학에 대해 국립 대학에 편입을 종용했고, 대구 대학 재단 이사회는 어쩔 수 없이 국립 대학 편입안을 의결하고 말았다. 그러나 이러한 결의는 재단 기부 행위 변경이라는 중대사로 문제가 있어 그해가 끝나 갈 무렵인 12월 1일에 이사회가 다시 소집되어 격론 끝에 번복되었다. 문교부에서는 대구 대학에 대해 1952년도 신입생 모집 중지 통고와 함께 대구 대학의 경북 대학교 편입을 기정 사실로 하고 경북 대학교의 문리과 대학과 법정 대학으로 개편할 것을 통고해 왔다.

그러나 대구 대학 해체에 앞장선 문교부 장관과 고등 교육 국장이 사임하고 김법린이 새 장관으로 취임하자 사태가 해결되었다. 대구 대학은 새 장관 취임 당일인 10월 30일로 '대구 상과 대학'이라는 이름으로 법학과, 경제학과, 철학과를 인가받아 재출발할 수 있게 되었다.

최준은 다시 대구 대학을 재건하기 시작했으나 뜻밖의 재단 분규에 휩쓸려 또 한번의 고통을 겪어야 했다.

재단 분규 파동이 일어나자 최준은 고향 경주에 또 하나의 단과 대학을 만들기로 마음먹었다. 지금의 대학은 대체로 서양 학문 중심이기 때문에 국학 또는 동양 철학의 연구가 부족한 것으로 판단한 것이다. 그가 이런 마음을 먹게 된 데는 김범부에게 감동한 바 컸기 때문이다.

최준은 대구 대학에 기부하고 남은 전 재산을 문파 교육 재단을 만들어 계림 대학을 창설하고 김범부를 학장으로 초빙했다.

김범부로 알려진 김정설은 소설가 김동리의 친형으로 기미 육영회의 장학생으로 선발되어 최준과 인연을 맺게 되었다.

최준은 경주 향교와 문중 전래의 서당이었던 숙연당을 비롯하여 본댁의 상하 사랑채 2동 12칸을 일부 개조해서 교사로 쓰게 했다. 그러나 계림 대학은 시골인 경주에 세워졌고 한국 전쟁 후에 피난 온 많은 사람들이 전쟁이 끝나자 서울로 돌아가는 한편 경제 사정이 어려웠던 때라 극심한 운영란을 겪게 되었다. 부득이 휴교하고 그의 전 재산을 모두 바친 문파 교육 재단은 대구 대학 재단으로 기부 통합했으며, 계림 대학도 통합하여 대구 대학 병설 여자 초급 대학(현재의 영남 이공 대학)으로 모습을 바꾸어 개교하게 되었다.

최준이 그의 전 재산을 교육 사업에 바친 것은 오랜 꿈을 이루기 위해서였다. 300년 만석꾼 집안도 자녀들을 철저하게 교육한 덕분에 그 많은 재산을 지킬 수 있었다. 최진립 이후 교촌파를 일군 그의 조상들이 학문을 게을리했다면 무식한 부자가 몇 대를 버틸 수 있었겠는가. 재물을 지키는 것은 단지 가문이 호의호식하기 위해서만은 아니었다. 최준은 젊은 시절 경주 단석산에서 노스님이 한 말을 잊어버린 적이 없었다.

"재물은 분뇨와 같이 한곳에 모아 두면 악취가 나서 견딜 수가 없다. 그러나 골고루 사방에 흩으면 농작물의 거름이 되는 법이다. 재물을 모으기만 하고 좋은 곳에 쓰지 않음은 똥통에 들어앉아 있는 것과 다름 아니다."

그날 이후 어떻게 하면 자신의 인생이 허망하게 지나 버리지 않을 수 있을지 수없이 생각했다. 그래서 내린 결론이 '교육 사업'이었다.

최준의 이러한 결심을 더욱 재촉하게 한 또 하나의 사건은 바로 해방 이후에 달라진 토지 소유 구조 때문이기도 하다. 그것은 바로 농지 개혁이었다. 1949년 6월, 농지 개혁법이 발효되었다. 구체적 방법은 신한 공사가 관리하는 적산 농지와 국유지는 흡수하고 비농가의 농지나 자신이 경작하지 않는 농지와 3헥타르(9,000평 정도)를 초과하는 농지는 국가에서 수매한다는 것이다. 수매 방법은 해당 농지 연간 수확량의 1.5배의 값으로 하고 5년 동안 연차적 상환으로 보상하도록 하는 지가 증권을 발급했다. 정부가 수매한 농경지는 직접 경작하는 영세 농민에게 3헥타르를 한도로 분배하고 그 대가를 5년 연부 상환으로 매년 곡물이나 금전으로 상환하도록 했다.

최준이 대구 대학의 설립에 넣고 남은 전 재산으로 계림 대학을 만든 것도 이와 무관하지 않았다. 그는 논밭은 물론 자신이 살던 경주의 집 두 채까지 몽땅 넣어 버렸다.

당시 대부분의 지주들은 지가 증권을 미리 팔아 버렸고, 극히 일부 지주들도 근대적 생산 업체에 대한 경영 능력 부족으로 실패하는 경우가 많았다. 그중에서도 산업 자본으로 전환하는 데 가장 성공한 지주는 김성수의 동생 김연수로 그는 지가 증권을 고스란히 경방, 삼양사 및 교육 사업에 투자했던 것이다.

최준이 대학에 쏟은 정성과 애착은 말로 표현할 수 없을 정도였다.

1960년대의 정치적 격변에 따라 대학도 양적, 질적으로 발전해야 할 때였다. 5·16 군사 정부는 대학 교육의 개선 및 고등 교육 기관의 정비를 위한 작업에 착수하여 학교 정비 기준령을 공포하고 강제적으로 대학의 내실을 기하도록 했다. 당시 서울 대학교를 비롯한 전국의 대학은 질적으로 크게 부족했으며 재단 운영이 부실한 사립 대학은 말할 것도 없었다. 사실상 이 대학 재단은 수익성 재산은 거의 없었고 대부분은 산과 임야, 전답과 대지 건물 등으로 현금 유입 수입은 거의 없었으므로 최준을 비롯한 이사들도 한계에 부딪히게 되었다.

최준은 재력 있는 새 이사장을 물색하기 위해 삼성 그룹의 회장실을 찾았다. 이병철 회장은 안희제의 고향 후배로 최준과도 인사가 있었기에 학교를 맡아 줄 것을 요청하기 위해서였다.

"이 회장 들어 보소. 지금의 고려 대학교 교주가 인촌인 것은 아시지요. 그런데 그 고려 대학을 처음에 누가 만들었는지 아시오?"

"인촌 선생이 만들지 않았습니까?"

"대부분의 사람들은 그렇게 알고 있지요. 그렇지만 사실 고대의 전신인 보성 학교는 이용익 선생이 처음 만들었지요. 이용익 선생이 처음 설립했다가 훗날 일진회의 송병준에게 쫓기는 신세가 되어 학교를 돌볼 수 없었고, 어려움에 허덕이는 학교를 천도교가 잠시 맡았어요. 다시 진주 부자 김기태에게 넘어갔다가 결국에는 인촌에게 넘어갔지요. 내가 왜 이런 말을 하는가 하면, 오늘의 대구 대학은 나를 위시한 많은 지방 유지들이 힘을 합쳐 만든 민립 대학입니다. 그런데 자금난 때문에 더 이상 학교 발전을 기대하기 어려운 상황에 처하게 되었기에 이 회장이 이 재단을 인수하여 발전시켜 달라는 것이오. 학교를 발전시키고 나면 고려 대학교처럼 창설자는 잊어버리고 호암 이병철이 교주가 되는 것이오. 이 얼마나 보람된 일이오. 돈을 벌어 이런 곳에 써야 진정으로 가치 있는 일 아니겠소."

최준의 설득으로 이병철이 재단 이사장으로 취임했고 대구 대학은 삼성 그룹 산하의 학원으로 새 출발하게 되었다.

이병철이 새로 이사장에 취임하자 학교 발전을 기대하고 있던 학생들은 물론 지역민들이 크게 반가워했다. 그러나 이러한 기대는 얼마 가지 못했다. 1966년 9월 15일자 《동아일보》는 부산발 기사에서 삼성의 '사카린 밀수 사건'을 보도했다. 이 밀수 사건으로 전국이 들끓었다. 세찬 여론의 비난에 못 이겨 이병철 회장은 기자 회견을 통해 모든 사업 활동에서 손을 떼겠다고 선언했다. 잔뜩 기대에 부풀었던 대구 대학 재단도 그때부터 맥이 빠지게 되어 다시 부실을 면하지 못하게 되었다.

최준은 다시 고민에 빠졌다.

그해 10월 5일, 대구에서는 또 하나의 엄청난 사건이 일어났다. 대구에 있던 또 하나의 사립 대학인 청구 대학이 종합 대학을 목표로 지하 1층, 지상 6층의 대형 대학 본부 건물을 신축 중이었는데, 지상 5층까지 올린 거대한 콘크리트 건물 구조가 무너져 버린 것이다. 높이 17미터 건평 1,900평 정도의 건물이 완전히 내려앉아 사망 10명, 부상 30명의 인명 피해까지 난 대참사가 일어난 것이다. 이 대학도 건물 붕괴 이전부터 심각한 재정난을 겪고 있었는데 이러한 사고까지 겹쳐 재단마저 붕괴 위기에 몰리게 되었다.

청구 대학의 설립자는 최해청이었다. 그는 구한말 청도 군수를 지낸 최현달의 차남으로 대구 고보 시절에는 배일 사상자로 지목되기도 했고 동맹 휴학 주모자로 검거되어 고문을 받았던 지사였다.

대구의 양대 사립 대학교의 운명은 이제 더 이상 밝지 않았다. 대학이 존폐 위기에 처하자 대구 대학과 청구 대학은 당시 대통령 박정희와 교분이 두터웠던 시인 이은상과 대통령 비서실장으로 있던 이후락의 주선으로 두 대학을 대통령이 맡기로 하고, 양 대학의 재단 이사회가 동시에 열려 통합을 결의하고 오늘날의 영남 대학교가 탄생했다. 최준의 나이는 이미 여든넷의 고령이었다. 그는 통합 후 잠시 이사직을 맡다가 이내 손을 떼었다.

"이제 내가 할 일은 끝났다."

통합된 대학교가 발전하는 모습을 본 그는 이 한마디로 아무 미련 없이 손을 털었다. 『영남 대학교 50년사』에서는 최준을 다음과 같이 쓰고 있다.

300여 년을 지켜 온 가재를 사회의 공기, 향토 인재 양성을 위해 일거에 쾌척함은 실로 그의 가계만이 지닌 유서 깊은 전통 가운데 함양된 그의 고매한 지조와 용단으로서만이 가능한 일이라 할 수 있다. 그가 기증한 가재와 장서는 영남 대학교의 발전에 밑거름이 되었고 민립 대학으로서의 대구 대학을 사수했던 그의 숭고한 교육 정신은 길이 영남 대학사와 함께할 것이다.

에필로그
300년 만에 지는 노을

    대학 일에서도 완전히 손을 뗀 최준은 비로소 자신만의 시간을 가지며 세월을 되돌아보는 시간을 가졌다. 이제 손에서 일을 놓고 인생을 즐기려 할 때 이미 부인은 가 버린 뒤였고, 가깝게 교유하던 친구들도 거의 떠났으며 몸도 마음에 따라 주지 않았다.
    최준은 추어탕을 좋아했다. 여든이 넘은 늘그막에 상처를 하고 외로운 나날을 보내면서 을유 약업사 사랑방에서 이따금씩 찾아오는 친구나 후배들과 바둑을 두었고 추어탕을 먹으러 다녔다. 그는 특히 경주 법원 앞의 추어탕집을 자주 찾았다. 그는 그 집의 추어탕이 대한민국에서 제일 맛있다고 치켜세웠지만 친구들은 그가 왜 그 집을 좋아하는지 잘 알고 있었다. 추어탕 맛도 맛이려니와 그 집의 쉰 살 정도 된 과수댁을 은근히 좋아해서였다.

　최준은 이미 모든 재산은 재단 산하로 넣어 버렸으며 그나마 겨우 굶지 않을 만큼 남은 재산도 모두 아들에게 물려 주었고 아들은 손자인 최염에게 할아버지를 돌보도록 했다. 최염은 해방 후부터 할아버지의 개인 비서 역할을 하면서 모든 뒷바라지를 해 주고 있었다. 최염은 이따금씩 할아버지의 이름으로 된 통장을 정리하고 용돈이 부족하면 채워 주는 일도 했다. 그런데 언젠가부터 할아버지의 통장에서 제법 큰돈이 뭉텅뭉텅 빠져나가는 것을 발견했다.

　의심이 생기기는 했지만 아마 불쌍한 사람에게 도움을 주셨을 거라고 생각하며 마음 쓰지 않았다. 그러던 어느 날 가구점에서 대금을 독촉하는 청구서가 날아왔다. 이상하게 여긴 최염은 청구서를 들고 가구점에 갔다.

　'따님을 데리고 와서 가구를 사 주셨다니?'

　최준에게는 아들만 있었기에 손자인 최염으로서는 이상하지 않을 수 없었다. 무슨 곡절이 있는 것이 분명하다고 생각한 최염은 조용히 가구 대금을 치르고 나왔다. 그러던 어느 날 할아버지는 손자인 최염을 불러 무언가 이야기하고 싶은 눈치를 보였다.

　"염이 너도 알지? 네 증조할머니가 만년에 노망하신 거

말이야. 아마 우리 집에는 노망을 하는 내림이 있는 것 같아. 나도 혹시 늘그막에 노망이 들지 모르겠구나. 노망의 소질이 있어."

최준의 얼굴에는 수심과 불안의 표정이 가득했다.

"무슨 그런 말씀을 하세요. 할아버지는 아직 건장하시고 바둑도 잘 두시잖아요. 바둑을 두시는 분은 치매에 걸리지 않는대요. 걱정 마세요."

최염은 할아버지의 걱정이 혹시 늙어서 치매에 걸리면 어떻게 하나 두려워하는 것으로 듣고 할아버지를 안심시켰다.

"내가 노망에 걸리면 누가 내 병 수발을 할 것인고? 예전 같으면 하인이라도 많이 있어서 그래도 수월했는데……."

최염이 안심시켰지만 최준은 계속 고개를 갸우뚱거리며 걱정하고 있었다. 최염은 할아버지의 말 뜻을 얼른 파악하지 못했다. 가구점에 들러 딸이라고 말하고 고급 장롱을 사준 것이나, 통장에서 뭉칫돈이 남모르게 빠져나간 것은 모두 경주 법원 앞의 추어탕집 과부댁에게 들어간 것이었다.

최준은 여든 살이 넘었지만 경주에 가면 이따금씩 그 집에 들렀다. 그 추어탕집 주인 아주머니는 때로는 딸같이, 때로는 며느리같이, 때로는 부인같이 알뜰히 최준을 모셨다. 손자인 최염도 나중에 할아버지가 몸져눕고 나서 친구들이 문병을 와서 그 이야기를 들려 주었을 때에야 비로소 그때 할아버지가 한 말의 진의를 알았으나 이미 때는 늦어 버렸다.

최준은 고향 경주로 돌아가 마지막 유서를 쓰는 심정으로 「월성세헌」이라는 책을 간행했다. 이제 자신이 죽고 나면 까맣게 잊어버릴지도 모르는 직계 조상들의 숭고한 정신과 덕망 그리고 그들의 행적을 자손들에게 길이 전하고 싶었던 것이다.

증손자를 안고 있는 최준

1970년 9월 15일, 문파 최준은 여든일곱을 일기로 경주 본댁 사랑채에서 자는 듯 운명했다. 그의 책상에는 『중용』이 펼쳐져 있었다.

최준이 죽던 해 12월 어느 날, 경주 교동 최준의 집에 한 무더기의 검은 연기가 하늘로 솟아올랐다. 처음에는 검은 연기만 일더니 이내 벌겋게 단 불길이 솟았다.

　이제 경주 최 부자의 집에는 하인이 없었다. 최준의 조카와 손자들은 이웃 어른들에게 알리기 위해 이리저리 뛰었고 손자 최염은 불길 속으로 뛰어들어 할아버지 빈소가 차려져 있는 큰 사랑채의 침방에서 최준의 혼함을 들고 나왔다.

　최준의 4대조 최기영이 이웃한 향교의 유림들에게 갖은 정성과 공을 기울여 얻은 천하명당 터에 세운 200년의 역사가 깃들었고 천하의 시인 묵객들이 머물면서 시론을 토하고 시서화를 펼쳤으며 조선 총독부 시절 경주 고적 박물관으로 쓰고 싶어 했던 사랑채가 활활 타고 있었다.

　그날 저녁 경주 교동의 서쪽 선도산에는 300년 만의 낙조가 지고 있었다.

　최준의 손자인 최염은 할아버지가 죽은 지 20년이 흐른 후인 1990년에야 일본을 방문할 기회를 가졌다. 무역 회사 전무직을 맡고 있던 최염은 전부터 일본 지사장에게 아리가의 후손을 찾아 달라고 부탁했는데 드디어 그 후손을 찾았다는 것이다. 아리가의 후손은 선대부터 내려오던 가업을 발전시켜 고주파 주식회사를 경영하고 있었으며 아리가의 아들은 그때 이미 여든두 살의 고령이었다.

　공항에 마중 나온 지사장의 안내로 아리가의 아들을 만

나고 도쿄 동북부 외곽에 있는 묘소를 찾았다. 최염은 20년 전 할아버지가 돌아가신 뒤 줄곧 할아버지가 남긴 말을 묵은 숙제로 간직하고 있었다. 이제야 오래 간직한 그 숙제를 마친 것이다.

원고를 거의 마쳤을 무렵, 나는 최염 선생과 함께 경주 내남면 월산리에 있는 마지막 경주 최 부자인 최준 선생의 묘소를 찾았다. 나는 비석 뒤편에 적힌 비문을 찬찬히 읽어 갔다. 한학자 배동환이 쓴 최준의 묘갈명에는 다음과 같이 적혀 있었다.

아! 공은 타고난 자질이 뛰어났다.
충효는 가문의 전통이었으며
시와 예는 가정의 교훈을 받았도다.
마침 좋지 못한 때를 만났으니
인간이 어떠한 세상이었던가.
화려한 꽃방석이 나의 뜻에 즐거움이 아니었네.
곤궁한 데 은덕을 입혔으며
춥고 굶주림에 온정을 베풀었다.
인재를 가르치려고 학교를 설립했고
독립군을 도우려고 해외로 밀파했다.

저들이 무력으로 위협하면 나는 정의로 대항했다.
참된 마음 흰머리로 나라를 위하였고 공중 위함뿐이었다.
천명이 이미 회복되었으나 어두운 구름 아직 끼었으니
공의 넋은 비록 감췄으나 공의 눈은 오히려 보고 있으리.
평생 살펴보면 우러러보나 굽어보나 부끄러움 없었도다.
여러 사람 입을 모아 대대로 전해 가며
정무공의 현명한 자손이라 다 같이 칭송하리.

마지막 경주 최 부자인 최준에게는 장손인 최염이 있으며 현재 경기도 용인에 살고 있다. 공교롭게도 이곳은 가문을 일군 정무공 최진립이 전사한 용인 험천과 멀지 않은 곳이다.

최염의 아들 최성길 판사는 사법고시에 열 번이나 떨어졌다가 결국 열한 번째에 합격했는데, 이것이 '벼슬하지 말라.'는 증조부의 만류 때문이었다는 꿈 이야기도 있다. 최염도 한때는 중소기업을 견실히 운영했는데, 아들이 고시에 합격되고 난 뒤부터 기울기 시작해 지금은 그만두었다고 말한 적이 있다. 그 말 속에는 아직도 벼슬과 재물을 함께 가지기는 어렵다는 뜻이 담겨 있음을 느낄 수 있었다.

주요 참고 자료

경주 최씨 교동 종친회, 「월성세헌」, 「용암시집」, 「세찰수집」(4권), 연대 불명.
_____, 「경주 최씨 사성공파 중 가암파 남강공가 세적」, 1994.
_____, 「교동의 얼」, 1998.
권병탁, 『한국 경제사』, 박영사, 1985.
김용섭, 『조선 후기 농업사 연구』Ⅰ·Ⅱ, 일조각, 1970.
김웅, 「고헌 박상진: 한의 독립투사」, 박상진 의사 추모 사업회, 1996.
김희곤, 『백년 만의 귀향 신돌석』, 푸른역사, 2001.
동양문화연구소, 「문과 문고 도서 목록」, 영남대학교, 1966.
백산 안희제 선생 흉상 건립 위원회, 「백산 안희제 선생」, 1989.
손숙경, 「조선 후기 경주의 이조 최씨 가문과 용산 서원의 고문서」, 《고문서 집성》
　　　　(51), 한국정신문화연구원, 2000.
신유근, 『한국의 경영』, 박영사, 1992.
영남대학교, 『영남대학교 50년사』, 영남대학교 출판부, 1996.
윤장섭, 『한국의 건축』, 서울대학교 출판부, 2002.
이규재, 「경주 최 부자, 내 고장 경상북도」(역사편), 경북교육위원회, 1981.
이병도, 『한국사 대관』, 보문각, 1973.
이수락, 「최 부잣집 가훈」, 《나눔터》(통권9호), 1994.
이이녕, 『임정 특파원 36호』(전5권), 동도문화사, 1980.
이헌창, 『한국 경제 통사』, 법문사, 1999.
인촌 기념회, 「인촌 김성수전」, 1976.
전진문·이건, 「경주 최 부자의 가업 유지와 경영 이념에 관한 연구」, 《경영 연구》
　　　　(제16권 제3호), 한국산업경영학회, 2001.
조기준, 『한국 기업가사』, 박영사, 1973.
조선왕조실록, 「원전 34집 412면」(CD-ROM 국역조선왕조실록 제2집).
조용헌, 『명문가 이야기』, 푸른역사, 2002.
최정희, 『한국 불교 전설』, 우리출판사, 1987.
최해진, 「경주 최 부자의 경영 사상과 경제적 부의 지속 요인에 대한 연구」, 《대한
　　　　경영학회지》(제16호), 대한경영학회, 1997.
_____, 「경주 최 부자의 경영 사상 형성 배경과 내용」, 《동의논집》(제28집), 동의
　　　　대학교, 1998.
황병준 외, 「우리나라 기업의 경영 이념」, 『한국 경영론』, 한울, 1985.

기타 구술 자료: 이수락, 최채량, 최염, 최인환, 최경 등.

경주 최 부잣집 300년 富의 비밀

1판 1쇄 펴냄 2004년 3월 9일
1판 16쇄 펴냄 2009년 3월 20일
2판 1쇄 펴냄 2010년 3월 2일
2판 8쇄 펴냄 2025년 9월 16일

지은이 | 전진문
본문 사진 | 김종명
발행인 | 박근섭
펴낸곳 | ㈜민음인

출판등록 | 2009. 10. 8 (제2009-000273호)
주소 | 06027 서울 강남구 도산대로 1길 62 강남출판문화센터 5층
전화 | 영업부 515-2000 편집부 3446-8774 팩시밀리 515-2007
홈페이지 | minumin.minumsa.com

도서 파본 등의 이유로 반송이 필요할 경우에는 구매처에서 교환하시고
출판사 교환이 필요할 경우에는 아래 주소로 반송 사유를 적어 도서와 함께 보내주세요.
06027 서울 강남구 도산대로 1길 62 강남출판문화센터 6층 민음인 마케팅부

한국어판 ⓒ ㈜민음인, 2010. Printed in Seoul, Korea
ISBN 978-89-94210-13-1 03320

㈜민음인은 민음사 출판 그룹의 자회사입니다.